智本论·滞胀时代

智本社——著

中国经济出版社
CHINA ECONOMIC PUBLISHING HOUSE
北京

图书在版编目（CIP）数据

滞胀时代 / 智本社著 . -- 北京：中国经济出版社，2023.01

（智本论）

ISBN 978-7-5136-7119-4

Ⅰ. ①滞… Ⅱ. ①智… Ⅲ. ①经济停滞膨胀 - 研究 Ⅳ. ① F014.84

中国版本图书馆 CIP 数据核字（2022）第 186823 号

责任编辑　张梦初　高　鑫　戴　瑛

责任印制　马小宾

封面设计　卓义云天

出版发行　中国经济出版社

印 刷 者　北京柏力行彩印有限公司

经 销 者　各地新华书店

开　　本　710mm × 1000mm　1/16

印　　张　16

字　　数　200 千字

版　　次　2023 年 1 月第 1 版

印　　次　2023 年 1 月第 1 次

定　　价　65.00 元

广告经营许可证　京西工商广字第 8179 号

中国经济出版社 **网址** www.economyph.com **社址** 北京市东城区安定门外大街 58 号 **邮编** 100011

序：追问

在这个时代，提出一个好问题比解惑更为珍贵。

2008 年以来，我们经历了什么？金融危机、债务危机、政治民粹运动、经贸摩擦及逆向全球化、新冠肺炎疫情大流行、史诗级股灾、供应链危机、生育率断崖式下降及人口危机、国家冲突及战争、能源危机、粮食危机、国际秩序崩坏……世界，正滑入“马尔萨斯陷阱”吗？

每一个大问题都关系到人类的前途和个人的处境。但是，现代人追问能力的退化及网络传播下信息的泛滥，让问题变得复杂与神秘。

金融危机为何爆发，是美联储加息所致还是降息所致？是格林斯潘的问题还是美联储的问题？是美联储的政策问题还是制度问题？是监督制度问题还是全球央行及法定货币制度问题？全球央行及法定货币制度问题的本质又是什么？货币理论是否有问题？

显然，后危机时代，我们并未深刻认识到这些问题，以致金融体系不可挽回地恶化，货币沦为“公地悲剧”。集体行动如何避免“公地悲剧”？国家组织扮演了进步角色还是成为始作俑者？国家为何陷入“诺斯悖论”？

法国大革命后，民族主权国家成为人类进步的重要力量，国家现代化已是大势所趋。在全球化时代，民族主权国家与经济全球化是否会产生矛盾？当下，国家冲突是否与这一矛盾有关？全球一体化的认知是否有误？未来，国家组织如何演变？

为何有些国家经济增长快，有些国家则陷入停滞？为何有些国家的经济增长快但家庭财富却增长慢？这种经济增长模式是否可持续？当货币增速长期大于经济增速时，经济将走向何方？当经济增速长期大于家庭收入增速时，经济又将如何演变？

贫富分化是这个时代不可回避的问题。贫富差距的原因是什么？何处存在正当性和不正当性？货币政策是否加剧了不平等？福利主义是否破坏了公平竞争？

人口危机又是一大社会焦虑。生育率下降的合理因素是什么？

生育是否是必需品？额外因素是否增加了生育成本？老龄化的问题是养老问题、增长问题还是制度问题？通货膨胀、公共养老制度是否恶化了养老问题？

困惑，亦是我写下百万字且继续写作的动力。长期以来，我追问的线索是经济学的思维，即个人经济行为。不过，经济学“埋雷”无数，同样需要不停地追问。

追问不止，笔耕不息。智本社，与思想者同行。

清　和

2022年6月，深圳

前言

《滞胀时代》是“智本论”系列的第四本书。新冠肺炎疫情全球大流行对世界宏观经济的冲击仍然有待评估。伴随着全球风险因子增强，宏观经济在这几年内展现出不同的时代特征，《滞胀时代》一书便以“通缩”“通胀”“滞胀”为关键词展开对经济现实案例的发现、探讨。全书分为六章，分别为：“通胀，通缩”“通胀，滞胀”“统制货币”“自由货币”“历史观”“大家治学”。

从2020年到2022年的三年内，全球宏观经济展现了从通缩到通胀再到滞胀的特征。本书前两章集中关注了通缩、通胀与滞胀的经济案例。

“通胀，通缩”一章由三篇文章组成，主要跟踪美联储大规模发行货币及其引致资产泡沫化的过程。《灰天鹅：全球货币大潮起》一文从理查德·坎蒂隆、大卫·休谟、米尔顿·弗里德曼等人的货币理论视角讨论全球“货币大潮”事件。

新冠肺炎疫情暴发后，美国爆发股灾，经济全面通缩。美联储立即实施无限量宽松救市，美股逆势反弹，经济企稳。当时，市场上有通胀担忧，也有通缩担忧。《“大疫水牛”与“刚性泡沫”》与《通胀，还是通缩？》两文均讨论了通胀与通缩两极化问题。

“通胀，滞胀”一章的三篇文章则以拐点视角关注美联储货币政策变动及其影响。

从2021年下半年开始，美国经济火热复苏，通胀迅速抬头。在美联储主席鲍威尔和美国财长耶伦“通胀是暂时的”的错误判断下，美联储推迟实施紧缩政策。然而，能源危机愈演愈烈，美国爆发了仅次于20世纪70年代的大通胀。《迎接拐点》一文就复盘了美国资产市场因通胀预期强化而大跌，以及随后美联储管理市场预期与通胀难题的两难境地，也谈到了美联储多年来不对称调节及处于两难境地的成因。《全球正式进入紧缩时代》一文则关注了2022年美联储掉转船头立即紧缩货币，实施了近40年以来最激进政策的现实案例。《通胀，还是滞胀？》一文结合美国20世纪70年代大滞胀的历史案例与相关理论讨论其与财政、货币的关系。

在“统制货币”一章，《全球经济格局：大央行、大财政、大债务》结合古代城邦国家财政制度的演变与央行制度的诞生，关注当今财政—货币—金融格局是如何形成的。《全球经济通往货币计划之路》一文也同样追溯了经济学史的一次著名争论，探讨在他国央行制度下经济走向“实体经济通缩、资本市场通胀”之源。

“自由货币”一章主要从技术层面关注当下数字货币的新变。脸谱网（Facebook）发布Libra稳定币，市场上的争论、猜测颇多。新货币及新金融体系的可能性与限制、数字货币背后的金融逻辑及货币的合约本质是本章想要探讨的问题。

20世纪70年代，一次石油危机爆发导致美国物价飞涨，剧烈的通货膨胀随之而来。随后，经济大幅衰退、失业率大增，而高通胀却持续不退。低增长、高失业、高通胀并存的经济局面使诸多经济学家的理论黯然失色，也让美国当局困扰不已。本书的“历史观”包含两篇文章，均复刻了美国20世纪70年代的滞胀危机过程，是读者了解本书“滞胀”主题的又一视角。

“大家治学”章节介绍了经济学史上赫赫有名的学者：米尔顿 · 弗里德曼。本章介绍了弗里德曼的生平、求学与研究历程。弗里德曼的价格理论与货币理论被诸多经济学者视为经典，而其人也有亲近大众、充满乐观与求知精神的一面。

最后，期望读者能够在阅读本书过程中获得知识与乐趣，以经济学的思维思考工作和生活中的现象与问题。本书如有疏漏之处，还望读者给予批评指正。

目录

通胀，通缩

灰天鹅：全球货币大潮起 // 002

“大疫水牛”与“刚性泡沫” // 021

通胀，还是通缩？ // 033

通胀，滞胀

迎接拐点 // 048

全球正式进入紧缩时代 // 060

通胀，还是滞胀？ // 073

统制货币

全球经济格局：大央行、大财政、大债务 // 090

全球经济通往货币计划之路 // 104

自由货币

美元、比特币与数字货币 // 118

比特币经济学 // 145

观历史

美国供给侧革命 // 160

滞胀经济学：先抗通胀，还是先刺激经济？ // 203

大家治学

经济学家，弗里德曼 // 224

通胀，通缩

大疫之后，楼市、股市起伏。实则是过去埋下的货币冲击波散开涟漪，终于击中每一个人。

现实中上演着一幕幕鲜明分化的戏码。货币流向至关重要，资产追涨，泡沫越发刚性，实体则越发萧瑟。

通胀、通缩两极化，水火交融。

这是金融与实体的割裂，也是宏观总量与微观逻辑的割裂。

灰天鹅：全球货币大潮起

2019年美联储第一次降息后，全球货币宽松大潮来袭：

欧洲央行将欧元区隔夜存款利率下调10个基点至-0.50%；利率几无下调空间后，选择重启量化宽松（Quantitative Easing，QE），自11月1日起，以每月200亿欧元的速度重启资产购买计划，且未设截止日期。

这轮降息及重启QE旨在刺激疲软的欧洲经济。但从QE规模来看，这次资产购买规模不如2015年（600亿~800亿欧元）。同时，这次计划还引入分层利率，以降低负利率对欧洲银行盈利能力的打击。

欧洲央行重启QE后，美联储再次宣布降息，将联邦目标基金利率区间下调25个基点至1.75%~2.00%，旨在应对全球经济放缓、低通胀给美国经济前景带来的风险。

美联储开启了本次“超级央行周”。随后，除挪威央行将基准利率上调25个基点外，日本、英国、巴西、印度尼西亚、挪威、南非、沙特等均持宽松立场。其中，沙特央行紧跟美联储降息25个基点，巴西央行将基准利率下调50个基点至6%。

继上次降准释放9000亿元人民币后，中国央行也降息了，贷款市场报价利率（Loan Prime Rate，LPR）迎来第二次报价，1年期

LPR为4.2%，下降5个基点。

国际清算银行跟踪全球38家央行动态的数据显示，2019年以来，全球多家央行的累计降息幅度已经达到13.85个百分点。如果各家央行继续保持当前的宽松步伐，未来12个月降息次数可能会达到58次左右，累计降息幅度为16个百分点。

每一轮宽松周期，都会引来截然不同的声音。

针对美联储此次降息，特朗普发推特称，降得太少，“美联储再一次失败”。特朗普认为，“美联储应该让我们的利率降到零，或者更低，然后应该开始为我们的债务再融资”。

恒大首席经济学家任泽平多次呼吁：“该降息了。”他认为，拿掉猪肉价格以后都是通缩，经济下行压力加大。[①]

有些人认为，这说明地产商快断粮了。任泽平则称，“降息降准就是大水漫灌”的认识是错误的，混淆了货币政策正常逆周期调节和货币超发的关系。

但是，市场中有不少人担心，新一轮的货币宽松大潮将引发更严重的泡沫风险和债务危机。

降息是逆周期调节，还是货币超发、大水漫灌？

货币宽松会刺激经济增长，还是会引发通货膨胀、资产泡沫及金融危机？

排除利益与立场的噪声，经济学家对此分歧大、共识少。人类目前没有搞清楚货币政策对经济增长是否有效，没有搞清楚货币是中性还是非中性的，也没有搞清楚货币供给量的变动能否影响实际产出、收入和就业量。

---

① 任泽平、马图南、罗志恒：《拿掉猪以后都是通缩，该降息了——点评8月物价数据》，泽平宏观，2019年9月3日。

人类还没搞懂货币的本质。

没有搞懂货币本质，贸然开启货币宽松大潮，就像在地圆学说提出之前，人类在茫茫大海中漂泊，不知所向，亦不知祸福。

01
坎蒂隆效应 vs 休谟货币论

货币，何其复杂。人类最聪明的头脑，都很难洞悉其真相。

亚当·斯密在《国富论》中论述货币的起源时，这样说道：

“据说，阿比西尼亚以盐为商业变换的媒介；印度沿海某些地方，以某种贝壳为媒介；弗吉尼亚用烟草；纽芬兰用干鱼丁；我国西印度殖民地用砂糖；其他若干国家则用兽皮或鞣皮。据我所闻，直到今日，苏格兰还有个乡村，用铁钉作媒介，购买麦酒和面包。”①

斯密紧接着提出了一个问题：是什么决定了这些货币具有交换价值？比如说，水的使用价值很大，但是我们不能用水交换到任何东西。

这些货币是否存在一个本质的属性？

斯密给出的答案是，货币里面凝结的是人类的劳动。这些劳动价值促使货币具备价值尺度、交易媒介及储藏功能。

不过，斯密最好的朋友大卫·休谟的观点则有些不同。

休谟是李嘉图之前对货币问题论述最为系统的一位经济学家。

---

① 亚当·斯密：《国富论》，郭大力、王亚南译，北京：商务印书馆2015年版。

休谟认为，货币只是用来计算或代表商品的价值符号。货币本身没有价值，只有在充当交换媒介时才有自己的价值。

休谟提出了最早的货币数量论。他认为，货币数量决定商品的价格，人为地增加货币的数量对一国并无好处。货币增加，并不会导致财富增加。

奥地利学派哈耶克将这种理论概括为“货币中性”。休谟可谓是货币中性理论最早最完整的表述者。

若货币中性成立，央行不论如何增加货币，对实际经济产出都无影响。换言之，货币增加无法刺激经济增长。

货币本身到底是否有价值？货币能否代表财富？货币增加真的对经济增长毫无用处吗？休谟的答案是否定的，斯密的观点没有休谟坚定，但他认为货币本身凝结的劳动是有价值的。

比休谟还早的一位经济学家理查德·坎蒂隆，对货币的认知与休谟大不一样。

坎蒂隆是一位极为精明、敢于冒险的金融家，他在约翰·罗制造的密西西比泡沫中大赚了一笔。坎蒂隆只写过一本著作——《商业性质概论》，该著作已成为传世经典。

在书中，坎蒂隆表达了与休谟完全不同的主张，强调货币流通的非均衡性。坎蒂隆观察到，货币量增加会导致不同商品和要素价格涨幅不一致。货币增量并不会同一时间反映在所有的价格上，这一现象与货币中性相背离。货币量增加对经济的影响，取决于货币注入的方式、渠道以及谁是新增货币的持有者。

坎蒂隆认为，货币量增加会对物价产生影响，但是在流通货币量增加水平和物价上涨水平之间，并不存在严格的比例关系。

这个理论被后人称为“坎蒂隆效应”。

货币发给谁、以什么样的方式注入对经济的影响完全不同。比如，增发1万亿元货币，给房地产企业，或注入股市，或购买国债，抑或是直接发给低收入者，对经济的影响完全不同。

根据坎蒂隆效应，我们可以看出发行货币并不是有利于所有人，或者对所有人的影响都是一样的。因为货币发行之后，还有一个再分配的过程。先获得货币的人更先推动价格上涨，对于后获得货币或无法获得货币的人来说，通胀将给他们带来损失。

所以，货币增发容易导致贫富差距扩大或收入失衡。

坎蒂隆坚持的是货币非中性理论，现实的经济状况似乎也更符合坎蒂隆效应。过去40多年，全球货币发行量大规模增加，但并未引发通货膨胀，虽然资产价格和债务规模大幅度上涨，但这与欧美国家的央行单一制目标有很大关系。

全球各主要国家央行都在利用坎蒂隆效应，试图改变货币注入的方式，改变货币的传导机制，以实现刺激经济增长、避免通胀之目的。

比如，欧洲央行重启QE，通过资产购买计划，将资金直接注入债市。美国政府认为通胀率很低，希望美联储将利率降到负数，以帮助政府融资。中国长期使用各种公开市场操作手段，搞“精准滴灌”和定向降准，将货币发给特定的企业，同时严控资金流入房地产市场。

坎蒂隆认为，货币用于消费可直接推动物价上涨，若用于再投资则未必会引发通胀。亚当 · 斯密和马克斯 · 韦伯都主张节俭，认为节俭能带来资本积累，促进资本主义再投资。

正如中国，高储蓄和高货币转化的巨量资金流入基建领域，将产能巨大的基建和房地产作为货币的蓄水池，而美国则把股市、债市作为货币的蓄水池。

在欧美高福利国家，通胀被压制住了，资产价格高企，对穷人和富人都是有利的。穷人享受了低通胀和高福利的双重好处，富人则享受了高资产价格带来的财富膨胀。只有中产阶级，既难以获得更多公共福利，又承担着因房价膨胀带来的巨额债务负担。

在坎蒂隆效应的作用下，全球中产阶级资产逐步紧缩，世界正在陷入一种极右或极左的不稳定状态。

坎蒂隆对货币及商业的观察比休谟更加细致入微，他对均衡思想深表怀疑。

坎蒂隆思想深受前辈威廉·配第的影响。配第是劳动价值论的鼻祖，坎蒂隆继承了这一思想。坎蒂隆推崇金银，认为金银是一种易于运输、不会腐烂、可按重量分割的物质。

受劳动价值论的影响，坎蒂隆认为货币本身也是有价值的，而不仅仅是交易媒介。按照坎蒂隆的理论，改变货币供应量，调整货币传导机制，显然是对经济增长有重要影响的。

坎蒂隆和休谟都是早期货币数量论的代表，但二者的主体思想完全不同：坎蒂隆强调货币非中性，支持货币政策具有有效性；休谟则强调货币中性，不支持货币政策。

到底是坎蒂隆“只见树木不见森林”，还是休谟过于理论化？

在后继者中，亚当·斯密、大卫·李嘉图表现得都比较中庸。他们坚持劳动价值论，支持货币本身有价值，同时也支持休谟的货币中性理论。他们都认为，货币的价值取决于货币的供应量。斯图亚特·穆勒的观点稍有不同，他认为货币只是“一种机械”，起到交易媒介的作用，不支持货币非中性。

因此，在很长一段时间，货币中性统治了古典主义理论体系。

坎蒂隆的思想对法国魁奈、米拉波侯爵及重农主义者影响巨大，但是并未形成主流。英国杰出经济学家杰文斯发现了坎蒂隆的思想的价值，但是新古典主义并未给他的思想留下太多生存空间。

后来，瓦尔拉斯的一般均衡理论、费雪创立的费雪方程式、马歇尔和庇古创立的剑桥方程式，为古典货币数量论盖棺定论，即货币数量决定着物价水平，而不能影响社会总产出水平。

02
弗里德曼货币主义 vs 现代货币理论

费雪方程式对后世的影响很大，但是费雪与李嘉图、瓦尔拉斯一样，继承了洛克的主张，将货币需求视为既定，从而将货币问题简单化。

擅长折中的马歇尔，表面上构建了一个与费雪类似的方程式。但是，马歇尔与庇古师徒二人认为，货币需求会受到利率的影响。

这个口子，又重新激发了人们对货币复杂性及其真实本质进行探索的热情。

凯恩斯是马歇尔的弟子，然而凯恩斯的重要理论都与其老师背道而驰。不过，马歇尔留下的这个口子，对凯恩斯影响很大。

凯恩斯认为，利率水平对货币需求产生影响。这促使他关注人们持有货币的动机。若利率下降，人们更愿意借贷用于投资扩张。当然，凯恩斯也认为，货币政策是不可靠的，因为会出现“流动性陷阱”，即当利率足够低时，人们会将钱窖藏起来，既不投资也不消费。

凯恩斯对货币政策不够信任，但对货币非中性深信不疑。他认为，在有效需求不足时，降低利率水平，支持财政融资，增加投资需求，可以扩大产出，刺激经济增长。

在凯恩斯看来，货币供应量不仅影响物价，还会对国民收入产生间接影响。货币供给，经由利率、投资及投资乘数作用而作用于国民收入。

另外，瑞典学派创始人维克塞尔也对货币中性提出质疑。他认为，货币只有在银行利率与自然利率相等时才是中性的，否则经济会发生累积性扩张或收缩，货币就不是中性的。

自从凯恩斯主义问世以来，人们在很长一段时间都信奉货币是非中性的，增加货币供给可以刺激经济增长。于是，很多国家都采用了凯恩斯式的经济政策，即在经济下行时，通过货币宽松与财政扩张配合，实施逆周期调节。

但是，20世纪70年代，长期实施的凯恩斯式经济政策导致美国爆发滞胀危机。人们不得不怀疑从坎蒂隆到凯恩斯的货币非中性主张。

此时，新自由主义崛起，将凯恩斯主义赶下神坛。其中，米尔顿·弗里德曼开创的货币主义打中了凯恩斯主义的七寸。

我们知道，弗里德曼坚持货币中性理论。但是，他的理论常常被人们误解。

弗里德曼与凯恩斯一样，也是从马歇尔的现金余额论中获得了启发。弗里德曼强调，货币数量论应该从货币需求着手，关注人们持有货币的动机。但是，弗里德曼得出的结论却与凯恩斯完全不同。

在弗里德曼看来，货币需求独立于货币供给。弗里德曼提出了永久收入假说，反驳了凯恩斯的有效需求不足理论。

在他看来，人们对货币的需求是极为稳定的，不容易受到利率等因素的影响；同时货币流通速度也高度稳定。他得出的结论类似于费雪，即货币供给决定物价。货币供应量增加，对经济增长无益，只会引发通胀。

弗里德曼比费雪、马歇尔、凯恩斯更进一步的是，他意识到了货币的重要性。弗里德曼虽然支持货币中性理论，但是他并不像费雪、穆勒、休谟等一样将货币仅视为交易媒介，也不像凯恩斯一样不信任货币政策。

相反，弗里德曼认为，货币是极为重要的。若增加货币供应，人们会产生“货币幻觉”，从而引发短期的货币非中性，影响社会产出和就业水平。

“货币幻觉”是费雪提出来的。它反映了当货币量增加时，人们产生实际收入增加、需求扩张的幻觉。比如，当货币超发时，需求增加，价格上涨，企业收入增加，企业家容易产生“货币幻觉”，误以为是需求扩张、供不应求，于是扩大产能、增加工人，从而在短期内导致国民收入增加、经济过热。

但是，弗里德曼并不支持货币长期中性，认为这其实是一种幻觉。当企业家反应过来，意识到这是一种短期的通胀现象时，定然会缩减产能、解雇工人，这样产出和就业就又恢复到之前的水平。

弗里德曼强调，这种不当的政策容易引发经济波动。理性预期学派创始人卢卡斯、奥地利学派米塞斯和哈耶克都支持这种观点，认为不当的货币政策是经济波动的主要原因。

米塞斯和哈耶克针对此提出了商业周期理论，预测了1929年那场大危机。弗里德曼也从货币政策入手，认为1929年那场大危机之所以引发大萧条，是因为美联储实施了不当的紧缩措施。

总结起来，弗里德曼强调货币政策的重要性，并不是说货币供给对经济增长有益，而是说恰当的、稳定的货币政策对于稳定经济极为重要。

反映到货币政策层面，弗里德曼提出，通过控制货币数量可以稳定货币价格。他甚至建议按照GDP增量的比例设定每年的货币增量比例，并戏言废除美联储，以计算机取而代之。

20世纪80年代开始，在美联储主席保罗·沃尔克的主导下，美联储的货币政策逐渐从以控制利率为目标转向以控制数量为目标，并推行单一制目标。

沃尔克领导美联储控制了肆虐近十年的高通胀，弗里德曼走上人生巅峰，货币主义独步天下。

弗里德曼其实是最接近货币真相的经济学家。弗里德曼货币主义的内在精髓即将货币视为一种资产，而不是简单的交易工具。

货币为何是一种资产？

货币若是金银、羊皮、大米，则可视为资产；若是纸币，还是资产吗？弗里德曼是否与斯密、李嘉图一样，将货币视为有价之物？

弗里德曼将货币视为资产，但理由与斯密、李嘉图等不同。

弗里德曼在《货币的祸害》中描述了这样一段故事：

“二战”后的德国，旧马克崩溃。弗里德曼以顾问的身份去德国时，在当地可以使用香烟作为货币给汽车加油。当时，德国不少人将香烟作为货币用于交易。弗里德曼发现，在德国，香烟逐渐成为货币之后，其价格要比之前高不少。为什么？

简单的答案是，香烟的需求增加了。但为什么需求会增加呢？

原因是，香烟在之前的消费品的基础上多了一种功能，即交易功能。

这一发现无疑是非常重要的。货币不管是香烟、大米，还是金银、纸币，其最核心的价值便是交易功能。

换言之，只要具备交易功能的货币，本身便有价值。反过来，若失去了交易功能，这种货币便失去了这部分价值。

弗里德曼总能够以最简明的语言表述最深刻的理论。他的货币主义极大地减少了央行的工作，让货币政策更加透明而高效，为央行货币工作开创了新局面。

央行货币政策目标简单明确，即控制好总量，保障宏观经济稳定，但它不能作为调节或刺激经济的手段。

进入20世纪90年代后，美国开始推行预算平衡法案。这个法案约束了联邦政府的财政扩张能力，从而在相当程度上削弱了财政政策对经济的刺激作用。

这本来是一件好事，但是，当政府财政政策受限后，美联储开始调整货币政策。美联储主席格林斯潘放弃实行了十余年的以调控货币供应量来调控经济运行的货币政策，而以调整利率作为对经济实施宏观调控的主要手段。

这就是“泰勒法则”。

“泰勒法则”是斯坦福大学的约翰·泰勒提出来的。泰勒认为，应保持实际短期利率稳定和中性政策立场，当产出缺口为正（负）和通胀缺口超过（低于）目标值时，提高（降低）名义利率。

如今的美联储及世界主要央行都在奉行泰勒规则。不可否认，这是一种简单明了的货币操作原则。但是，泰勒规则放弃了货币数量控制，只诉诸利率手段，实际上为财政赤字货币化融资留下了后门。

这已经严重背离了弗里德曼货币主义控制货币总量之精髓。

伴随着美联储政策的转向，一种复兴凯恩斯主义的货币理论——现代货币理论（MMT）出现了。

现代货币理论属于后凯恩斯主义经济学的一部分，是凯恩斯思想在货币领域的延伸。目前，这一理论受到美国各界痛斥。

美国经济学家兰德尔·雷（师从美国后凯恩斯主义者明斯基）等人综合了以凯恩斯为代表的凯恩斯主义、科纳普的国家货币理论、英尼斯的内生货币理论、勒纳的功能财政理论、明斯基的金融不稳定假说和戈德利的三部门均衡理论，开创了这个理论。

兰德尔等人提出了不一样的货币起源学说，他们认为，货币只是一个记账工具，可以理解为欠条。国家发行货币，实际上是帮助市场解决交易问题，促进市场交易便利。

兰德尔等人认为，政府发行债券与发行货币是一样的。货币是欠条，债券也是欠条，都只是记账工具。所以，他们认为，政府发行债券不是为了借钱，而是与发行货币一样，为了使市场交易便利。

所以，现代货币理论认为，政府不需要关注债务，只要维持利率稳定，发行货币即可融资。换言之，只要利率稳定，就可以不断地发行货币，然后大规模地借债融资。这样，政府就可以依靠发行货币获得收入，而不仅是依靠税收。

实际上，现代货币理论是一个典型的财政赤字货币化理论，它支持财政赤字货币化。

这个理论看起来有些匪夷所思。那么为什么这个理论在欧美世界流行？

03
欧根货币优先论 vs 白芝浩最后贷款人

在2008年金融危机之后，全球主要国家央行搞大规模的量化宽松，推行财政货币赤字化融资，实际上认同并采用了现代货币理论。

自现代货币理论流行起来后，人们对货币的认知再次重返迷途，告别了弗里德曼时代的清晰与简单。

其实，当年弗里德曼将货币的交易功能单独区分开来，已经洞悉了货币的本质。他在大量的著作中都阐释了这一主张，但可惜的是他并未捅破这层窗户纸。

弗里德曼的好友张五常先生自称对货币理论并不精通，但他却一语道破货币的天机——“一纸钞票或一纸支票，皆合约也”。

作为新制度经济学家，张五常擅长从合约的角度看问题。他认为，美元上印刷的“This note is legal tender for all debts, public and private”(这张纸币可以合法支付任何公共及私人债务)，以及港元上印刷的“Promises to pay the bearer on demand”(凭票即付)，都是合约之辞。

确实，曾经的大米、羊皮、贝壳等商品货币以及金银等金属货币，误导了世人几百年。经济学家误以为货币的本质是一般等价物。其实，货币只是一纸合约，一纸用于解决市场交易费用(流动性问题)的公共合约。

弗里德曼将货币视为一种资产并没错。但货币为何是资产？货币之所以能够成为资产，是因为它是一纸合约——债务凭证或叫应收票据。

货币是不是金银，是不是商品，是不是纸币并不重要，重要的是货币作为一种合约凭证，能否解决交易流动性问题，能否起到交易媒介的作用，能否降低交易费用。

交易费用最低的交易媒介便是最好的货币。何为交易费用最低的货币？

答案是：币值稳定的货币。只有价格稳定，货币才有信用，人们才敢持有这种货币。反之，则会令人们避之唯恐不及，甚至一文不值。

币值稳定是货币的灵魂。

在商品货币、金属货币及金本位时代，货币中性与否其实并不重要。凯恩斯之前的经济学家大多将货币界定为外生属性的，甚至不将货币纳入经济学范畴。这并不重要，因为在那个年代，货币受商品实物或金属约束并不容易扩张。换言之，货币可以保持相对稳定的价格，因而守住了货币的灵魂，不容易爆发货币或债务危机。

但是，自从1971年布雷顿森林体系崩溃之后，人类进入信用货币时代，货币中性与否就变得极为重要。因为各国央行难以守住发币纪律，容易滥发货币。

弗里德曼在《美国货币史》一书中，使用了接近100年的历史数据说明了一个道理：但凡币值稳定，宏观经济都稳定；但凡币值不稳，宏观经济就地动山摇。

从货币改革历史来看，20世纪80年代初美联储主席沃尔克降服了通胀，稳住了美国经济；1946年，德国政治家艾哈德稳住了物价，推动了德国经济战后复苏。反之，“一战”后的德国魏玛政府、“二战”中的国民政府、20世纪70年代的美国福特政府及卡特政府，都在高通胀中吃了大亏。

从这里足以看出弗莱堡学派创始人瓦尔特·欧根的智慧。他认为，货币政策优先原则是根本性的原则，是整个经济政策体系的核心，央行必须把稳定货币作为其货币政策的首要目标。

欧根说："只要币值的某种稳定性得不到保障，一切为实现竞争秩序的努力都是徒劳的。因此，货币政策对竞争秩序来说是占有优先地位的。"①

维持币值稳定永远高于一切宏观经济目标。当央行的这一政策目标与其他经济政策目标发生冲突时，或稳定货币与经济发展出现矛盾时，中央银行必须顶住来自各方面的压力，坚定不移地把稳定货币放在首位。

欧根说，"不是经济为货币作出牺牲，恰恰相反，币值稳定，才能为经济过程提供一个可使用的调节手段"，"坚定不移地把稳定货币放在首位，这样做事实上是对其他政策目标的最大支持，也是对经济发展的最大贡献"。②

艾哈德奉行欧根的理论推行经济改革，成功地帮助德国建立了一条社会市场经济之路。实际上，经济学家丁伯根的丁伯根法则、蒙代尔的最优指派原则（大拇指原则）以及弗里德曼的单一规则，都支持欧根的货币政策优先原则。因为，欧根的货币政策优先原则，不但命中了央行的独立性，还命中了货币的本质。

货币最核心的价值便是交易媒介，其灵魂便是币值稳定。欧根抓住了货币的灵魂。

货币作为交易解决方案，拥有降低市场交易费用之价值，属内生之物，而非外生属性的。

---

①② 瓦尔特·欧根：《经济政策的原则》，李道斌、冯兴元、史世伟译，北京：中国社会科学出版社2014年版。

因此，货币是非中性的。货币的多寡，会对产出、收入与就业产生影响。但是，货币非中性并不支持货币扩张或收缩。

货币与其他商品一样（不支持洛克、李嘉图的货币需求既定或无限需求学说），只有处于均衡状态才是帕累托最优的。货币发行量过大，或者发行量过小，都会对经济产生负面影响。

从长期来看，受边际收益递减规律的支配，货币超发定然导致物价上涨、资产价格泡沫，最终经济陷入崩溃或低迷——并非休谟、弗里德曼所说的对产出及就业不产生影响。这一点，米塞斯与哈耶克的商业周期理论要比弗里德曼更加精微。

因此，货币中性与否并不重要，重要的是货币应该处于均衡状态——维克塞尔认为的“银行利率与自然利率相等时”。当货币处于动态均衡时，货币量的增加或减少，都会对经济产生促进作用。这说明，更多的或更少的货币，都可以帮助市场出清。

不可否认，坎蒂隆和凯恩斯对货币短期非中性的观察是非常真实的。但是，他们并未洞悉货币的合约本质，将货币视为一种真实资产。事实上，只要货币偏离了均衡，这一资产就会缩水，甚至一文不值。

如今他国央行创新各种公开市场操作工具，这一做法本质上只是在拖延危机。让多余货币流入房地产，或流入股市，或流入基建，只是掩耳盗铃之举。危机（衰退）只会迟到，但从不缺席。

市场该出清时不出清，货币持续供应，定然会引发更为严重的危机。米塞斯认为：“由信用扩张带来的经济繁荣最终出现崩溃是无法避免的。只有两种选择，要么放弃进一步扩张信用，使危机早一点来，要么推迟危机的发生，让整个货币体系都卷进来并最终爆发更大的危机。”[①]

实际上，即使危机爆发，央行作为最后贷款人的拯救市场之举亦值得商榷。

100多年前，英国经济学家、《经济学人》传奇总编沃尔特 · 白芝浩在《伦巴第街》中提出了“最后贷款人”原则：

“在金融危机时，银行应当慷慨放贷，但只放给经营稳健、拥有优质抵押品的公司，而且要以足够高的、能吓走非急用钱者的利率来放贷。”

后人称之为“白芝浩原则”。

虽然美联储成立的初衷便是为联储银行兜底，但是这一“天经地义”的“白芝浩原则”，实际上违背了货币这一公共合约本质，构成了公共利益悖论。

市场交易中都是私人合约和私人利益，无法包容“公共利益”的存在。政府若以公共利益干预市场，无论如何做，都会伤害另外一方，都会破坏交易公平。但是，货币是市场中唯一的公共合约。这一公共合约的核心内容便是保持适量的货币供给，维持货币价格（信用）的稳定。

除此之外，定向降准，启动QE，为金融机构及大型企业充当最后贷款人，都是打着“公共利益”的旗号，违反了货币的公共合约，违背了市场规律，破坏了市场的供给、价格、奖励及惩罚机制。

因此，鉴于公共利益悖论，市场中货币这一公共合约不能有任何价值倾向，其唯一的使命便是维持均衡状态，保持适量供应和币

---

① 路德维希 · 冯 · 米塞斯：《人的行为》，夏道平译，上海：上海社会科学院出版社2015年版。

值稳定。

如此便否定了凯恩斯、汉森、萨缪尔森主张的货币政策逆周期调节之功能。

那么，货币如何维持均衡？

弗里德曼的办法是控制货币数量。但是，投资银行兴起之后，市场到底需要多少货币已难以测量。蒙代尔和张五常都曾向弗里德曼提出过这个问题。

弗里德曼认为，货币需求极为稳定，货币增量只要与经济增速保持适当的比例即可（低通胀）。弗里德曼甚至主张将货币增量目标以立法、计算机控制的方式来实现，以规范美联储的发币纪律。弗里德曼的做法简单粗暴，但更能抵抗人性之贪欲、恐惧与“道德圣人”。

蒙代尔的办法则是以通胀率为目标，只要钉住通胀率，即可维持货币均衡。但是，物价只是币价之一，利率、汇率、资产价格都是币价的尺度。蒙代尔相当于支持了泰勒法则。

过去40年，欧美国家物价稳定，资产价格却高企。这就是现代央行放弃弗里德曼数量论、坚持泰勒法则所导致的。

弗里德曼认为无锚货币始终是劣质货币制度，他在《经济解释》中提出了“以物品成交价做指数为锚的理想货币制”。但此理想货币制，或许与当今以通胀率为目标的无锚货币制并无本质区别。

不过，受此启发，建立一个以物价为基础，包含利率、外汇、房地产及资产价格因子的综合价格指数，作为货币政策之目标，或许更为科学。

如此探寻货币之均衡，即可区分何为“大水漫灌”，何为帕累托改进。

货币，深不可测。货币本质及规律不明，贸然释放货币，犹如盲人瞎马。今日之世界，宽松大潮来袭，货币更可能是一只“灰天鹅”（“灰犀牛”与“黑天鹅”）——一种似乎可预知，但不可预见，且危害比预期更为严重的风险事件。

哈耶克曾经告诫世人，笛卡儿理性主义导致人们犯下一个严重的错误——“致命的自负”，他认为“贸易和货币是一个超出理性全盘理解力的神奇世界”。但是，当今之世界，比任何时候都更加需要理性与敬畏，以及弗里德曼式学者、沃尔克式英雄。

参考文献

[1] 亚当 · 斯密.国富论[M].郭大力，王亚南，译.北京：商务印书馆，2015.
[2] 大卫 · 休谟.休谟经济论文选[M].陈玮，译.北京：商务印书馆，1984.
[3] 理查德 · 坎蒂隆.商业性质概论[M].余永定，译.北京：商务印书馆，1997.
[4] 米尔顿 · 弗里德曼，安娜 · J.施瓦茨.美国货币史[M].巴曙松，王劲松，等，译.北京：北京大学出版社，2009.
[5] 米尔顿 · 弗里德曼.货币的祸害[M].安佳，译.北京：商务印书馆，2006.
[6] 张五常.经济解释[M].北京：中信出版社，2015.
[7] 瓦尔特 · 欧根.经济政策的原则[M].李道斌，冯兴元，史世伟，译.北京：中国社会科学出版社，2014.
[8] 沃尔特 · 白芝浩.伦巴第街[M].刘璐，韩浩，译.北京：商务印书馆，2017.
[9] 哈耶克.致命的自负[M].冯克利，胡晋华，译.北京：中国社会科学出版社，2000.

“大疫水牛”与“刚性泡沫”

2020年的上半年，楼市整体抗跌、局部大涨，股市长期低迷、短期疯涨。经济萧条，货币宽松，楼市、股市上涨，皆为货币现象。

自2008年金融危机以来，货币政策导致全球经济分化，呈现“实体经济通缩，资产市场通胀”。2020年，新冠疫情及“大疫宽松”加剧了这一趋势。

本节探索全球疫情对实体经济冲击下，资产泡沫和实体通缩两极化现象，及其背后的经济学逻辑。

01
宏观总量与微观逻辑

货币现象可以用来解释经济低迷时的资产（股票与房地产）价格上涨：新冠疫情重创全球经济，各国央行启动宽松政策，导致市场资金泛滥，流向股市和楼市，导致资产价格上涨，实体经济低迷。

从宏观总量来看，这种观点是成立的。但是，这个逻辑并不符合微观经济学。

为什么?

首先，新冠疫情重创全球经济，商业银行在经济萧条、低迷时不可能大规模发放信贷，相反会紧缩信贷。如此，市场资金不是泛滥，而是减少，出现通货紧缩，而非资产价格上涨。

其次，企业与个人在经济萧条中会选择捂紧口袋，甚至窖藏货币，而不是选择投资股市、房地产。如此，市场中的资金也会减少，资产价格下跌。

最后，经济萧条时，房地产公司资金链吃紧，金融系统的风险大增，不会扩大投资以致土地和股票市场过热。

微观经济学的逻辑是没有问题的，它揭示的是经济的一般规律。如果现实经济与微观经济学的逻辑发生了冲突，那么只能说明现实市场出了问题。

问题出在哪里?

首先，商业银行的非市场化。

2020年7月11日，中国人民银行（是中国的中央银行）公布的数据显示，上半年人民币贷款增加12.09万亿元，同比多增2.42万亿元。其中，住户部门贷款增加3.56万亿元，企事业单位贷款增加8.77万亿元。制造业中长期贷款增长速度创2011年2月以来新高。

一个问题是：新冠疫情走向未定，全球经济萧条，很多企业都减少投资，哪里吃得进这么多新增贷款?信贷都批给谁了?另一个问题是：市场风险巨大，商业银行为何还大规模扩张信贷?

这是因为，商业银行的信贷发放存在一定的制度倾向。同时，考虑风险因素，商业银行向央企、国企及大型企业提供信贷的比重较高。疫情期间，私人投资风险意识上升，商业银行增加了对央企、国企和大型企业的信贷发放。

扩张信贷，商业银行的风险是否增加？

根据银保监会发布的数据，2019年，商业银行累计实现净利润2万亿元，平均资本利润率为10.96%。2020年，监管部门对部分银行进行窗口指导，要求控制上半年的利润增速，“不良应核尽核，利润要做实”。

除了利润丰厚，中国商业银行的资本充足率也很高，核心一级资本充足率达到10.75%（2017年），超过《巴塞尔协议》核心资本充足率8%的标准。

不过，资本充足率、利润规模等指标无法反映中国商业银行的真实风险水平。中国商业银行市场并非完全竞争市场，其经营状况和风控能力的评估还需要考虑其他因素。

一般来说，经济萧条时，商业银行扩张信贷是非常危险的，紧缩银根才是正常操作。流动性陷阱并不是市场失灵，它恰恰说明市场在显灵。凯恩斯学说强调，在经济萧条时，政府更要积极投资。无数债务危机的例子告诉我们，政府信用也不是无限的，国家也可能会破产，尊重市场规律才是正道。

其次，货币当局的非市场化。

美国的商业银行是完全市场化的，但是美联储是公共机构。在2008年金融危机和2020年疫情灾害发生后，商业银行都捂紧口袋减少信贷发放，但是美联储跳过商业银行，直接向企业发放贷款，在市场中购买国债、抵押债券、企业债和ETF债务。

货币是国家化好，还是市场化好，一直存在争议。央行的货币政策失当，对市场的扭曲是显而易见的。2020年，经济萎缩，美联储却直接给金融市场“注水”，使股票价格强势反弹。

最后，房地产的非完全市场化。

每个经济体的土地制度有所不同，一些经济体的土地供应不是市场化的，供应渠道单一。

一些非市场化因素叠加导致疫情初期的资产价格上涨。比如美股价格上涨，深圳房价上涨。2020年6月，深圳二手房价同比涨幅达到了14.55%的高峰，环比上涨1.48%，同环比均居百城首位，其中同比涨幅甩开第二名南京10多个百分点。当时市场预期调控政策即将出台，二手房市场闻风而动，成交量在6月破万套，创近4年以来新高。

令很多人没想到的是，比深圳楼市更为火爆的是土地出让市场。2020年上半年，中国300城土地市场整体“量跌价涨”，土地出让金总额达到2.54万亿元，成交楼面均价比上年同期上涨16%。杭州、上海、北京、广州4城土地出让金都超过千亿元，其中杭州半年达到1757亿元。

为何在2020年，房地产企业依然高价拿地？到底是哪些企业如此阔绰？

数据显示，中国房企前100强贡献了其中的1.5万亿元，占比高达60%。恒大、融创、碧桂园、万科、华润置地等大型房企在流动性的支持下达到巅峰。

所以，是商业银行、货币当局导致市场失灵，使货币泛滥于市场。在中国，大量货币流入非完全市场化的房地产，扭曲了房地产价格；闪袭长期萎靡的股市，制造了“大疫水牛”。在美国，美联储直接向金融市场输血，制造了“刚性泡沫”。

02
“大疫水牛”和“刚性泡沫”

基于以上原因，银行系统放水于市。这股汹涌的“洪水”非常危险：

流到商品市场，造成通货膨胀；流到资本市场，产生资产泡沫；流到实体经济，出现产能过剩；流到政府部门，发生债务危机；流到商业银行，使利率下跌。

可将这股“洪水”定义为人类制造的“太空入侵者”。

那么，这群“太空入侵者”现在在哪里？

央行数据显示，2020年上半年人民币存款增加14.55万亿元，同比多增4.5万亿元。其中，住户存款增加8.33万亿元，非金融企业存款增加5.28万亿元。2020年上半年新增存款大于新增贷款，而上年新增存款15万亿元小于新增贷款17万亿元。

简单来说，贷出去的资金，又存入了商业银行，钱在商业银行系统中打转。

所以，有些人认为，即使多发货币也不会导致通货膨胀或资产泡沫，因为企业和个人会把钱储蓄起来。

这其实是一种误解。经济学将银行存款列为储蓄，其实是错误的。真正的储蓄是家里的现金、微信钱包和支付宝余额中的资金。你将钱存入商业银行，其实是一项投资。

长期以来，商业银行的刚性兑付及央行为商业银行兜底（“最后贷款人”），让我们误以为银行是“保管箱”。但实际上，商业银行既不是“保管箱”，也不是资金撮合中介。商业银行是信息中介，更是信用中介。商业银行的工作与信托、基金等金融机构无异，负责资金的跨时空配置。

所以，我们将钱存入银行定期，其实是向银行买了一份标准化的投资产品，可获得定额的回报。我们在微信钱包中的资金是储蓄，用这笔钱在微信理财通中买入货币基金、保险产品、券商产品都是投资理财，将这笔钱存入零钱通，或提现到银行卡变为存款，也是投资理财。

花大篇幅分析这一点，是为了说明这股“洪水”其实已经流入了投资市场。

“太空入侵者”首先入侵的是商业银行系统，导致资本产能过剩。严格来说，它的逻辑是这样的：央行宽松货币政策→商业银行扩张信贷→派生广义货币→存入商业银行→利率下跌→扩张信贷……

我们可以看到，欧美国家近百年利率持续下跌，如今已进入零利率（负利率）时代。这就是“太空入侵者”入侵产生的第一轮冲击波。派生货币对商业银行系统自身造成了反复冲击。

在欧美国家，由于存款利率极低或为零，投资者不愿意将钱存入银行，而是投入股市、期货、基金等资本市场及房地产市场，进而制造大牛市。如1983年到2007年，美股、房地产掀起了一波长达20多年的大牛市（不排除“科技牛”因素）。这是第二轮冲击。

再看中国。中国利率不是市场化的，长期维持高利率，吸纳储户存款，所以中国的储蓄率比较高。这股“洪水”大量滞留在商业银行系统中，受益最大的是商业银行，中小私人企业仍然融资难、融资贵。

不过，为了降低金融风险，中国正在引导利率下行。受疫情冲击，一些因投资收缩而滞留在银行的资金在寻觅投资机会。商业银行也在销售基金产品以提高收益率。需要注意的是，中国金融体系正向混业经营转型，商业银行可获得证券牌照。

我们看两个数据：2020年上半年，全国基金的销量达到了10000亿份；非银行业金融机构存款减少了7446亿元。可见，不少资金进入了基金市场，基金机构及投资银行可能将部分资金配置在股票市场中。当然，也有一些人在抢购房子。

这就构成了对中国的第二轮冲击。2020年上半场，中国房地产依然抗跌，深圳、东莞房地产大涨。股票也突然大涨。怎么评价这次股市行情？

每年基金、券商机构都会做一波小行情以寻求基本的收益率，主要特点是结构性的行情，建仓概念股、独角兽、龙头股。2020年上半年的小行情被疫情压制，但泛滥的资金外溢到机构，机构流动性更加充足，开启常规的小行情。由于市场流动性泛滥及报复性情绪，大量资金入场，股市短期大涨。

如今，全球宏观经济中的“黑天鹅”随时可能闪袭资本市场，“灰犀牛”危险亦未解除。

中国股市有没有可能像美股那样，在经济低迷时依然保持大牛市？

可能性不大。美股大牛市，有“注水牛”，也有“科技牛”。美股市值主要靠苹果、谷歌、微软等科技公司支撑，但是中国股市市值没有科技支撑，只有茅台。

美联储可直接向美国金融市场“注水”，中国央行目前还不可以。美联储向市场注入的是美元，美元依然是世界上“最不烂的货币”。与全球其他市场相比，国际投资者更愿意在资本市场完善、美元“注水”的美股中博弈。

美联储直接向金融市场“注水”产生了第三轮冲击，即第三轮冲击的来源并不是商业银行制造的“太空入侵者”，而是货币当局。

但是，二者是相互关联的，央行宽松的政策促使商业银行信贷扩张。2007年，信贷泛滥引发资产泡沫，导致次贷危机。2008年，全球金融危机爆发，商业银行无法收拾残局且自身难保，美联储出手，用基础货币缔造了另一个“太空入侵者”。

第三轮冲击直接推高了资产泡沫，同时刺激美国联邦政府债务大规模扩张。

这三波“洪水”，从货币派生到冲击银行系统，最后波及金融市场及全球经济。它像水坝泄洪时的急流，在需求端推高价格，在供给端拉低边际收益率，在市场中冲出一道“裂痕”：大部分资金流入了商业银行、资本市场、房地产市场及政府部门（债务市场），极少流入商品市场、实体经济。

20世纪70年代，经济学家担心的是，货币发行太多引发物价上涨，通货膨胀。而如今，货币已到天量，通胀未爆发，欧美长期通缩，资产价格却持续上涨。

自2008年金融危机以来，全球经济演变出相似的格局：实体经济通缩，资本市场通胀，政府债务膨胀。

这是为何？

03
通胀效应和通缩危机

经过了20世纪70年代这场滞胀危机后，欧美国家的货币政策目标转向控制通胀。90年代开始，不少国家的央行以控制通胀率为唯一的政策目标，美联储将其列为三大目标之一。

这样一来，欧美银行系统为了不触碰紧缩政策的红线，有意将货币更多地配置在资本市场、投资领域，而非消费领域。

不过，若按科斯定律，不论货币最初的产权如何安排，货币都会流向该流向的地方，不会出现旱涝两极分化。

比如，当资本市场出现泡沫或泡沫破灭时，资本就会撤离，进入实体投资甚至消费市场。

但是，货币为什么没在实体经济与资本市场之间来回游走？

最主要的原因是，一次次救市改变了市场预期，扭曲了人们的行为，导致资本长期滞留在金融系统。

比如，新冠疫情击穿美股，市场预期美联储及美国政府出手救市。超乎市场预期的是美联储出手之迅捷、凶猛，直接下水，敞开大门，对联邦政府予求予取。于是，大量资金依然涌入金融市场，美股迅速反弹，美债继续膨胀。

再如，中国楼市为什么长期单边上涨？“大热必调，稍冷又松”让人们产生了房价只涨不跌、政府不会让房价跌的想法。如此，长期、大量的资金进入楼市追高房价。

货币是一剂强效药，容易让人上瘾，引发通胀效应，从而加剧市场的割裂。

例如，20世纪70年代美国爆发滞胀危机时，通胀越凶猛，人们因担心货币贬值，越是扩大消费，甚至不惜借贷消费；越是扩大消费，货币需求量就越大，银行印发更多货币，通胀就更加凶猛。当时美联储的政策反反复复，让人不知如何是好。

1979年，保罗·沃尔克在联邦政府面试美联储主席一职时，对卡特总统说，要大幅度提高利率，控制货币供应。之后三年，美国利率大涨，经济跌入谷底，市场出清，刮骨疗伤，浴火重生。

再看2014年前后，中国大量货币进入实体经济，引发严重的产能过剩。越是负债率高，越是产能过剩，越渴望获得信贷以渡过难关，如此又进一步提高了负债率。2015年底，中国开始去产能、去杠杆，这个过程是非常痛苦的。

最后看资本市场的通胀效应。房价、股价迅速上涨时，货币则快速贬值，投资者担心货币贬值，焦虑追涨。

我身边就有两个例子。2020年上半年，深圳房价上涨迅猛，一位朋友焦虑不安，紧急入手第二套房，作为退休后的养老房，但他距离退休还有十年左右；另一位朋友做服装生意，手上有几百万元余钱，受疫情冲击不愿意再投资自己的主业，投入火爆的新房“打新”中，其间股市上涨，资金又被“打新”锁仓，他便一直担心新房“打新”不中，又没赶上牛市。

这就是通胀效应。“一战”后，英国经济低迷，失业严重，消费萎靡，凯恩斯甚至建议英国政府多发货币，制造通胀，以刺激国民“交出”货币，扩大消费。

所以，价格越上涨，货币越贬值，市场越追涨，越追涨越通胀，经济系统进入恶性循环，直到资产价格泡沫崩溃。由于房地产、股票、国债与货币高度关联，资产价格泡沫崩溃后，货币当局又注入流动性救市，相当于又重启了通胀效应，让资产泡沫越来越刚性。

这样，货币政策就割裂了市场，大量的资金长期滞留在金融市场、房地产市场。资产泡沫刚性的另一面是实体经济越来越低迷。实体经济投资不足，供给端萎缩，技术创新受阻。更重要的是，依靠实体经济的劳动者、中产家庭收入萎靡不振，有效需求长期不足，加剧了资本逃离实体，进一步导致实体经济通缩。

受疫情冲击，宏观经济前景悲观，更多的投资者选择短期投资，进入股市短期套利，抑或是进入刚需性质的房地产，逃离长期的大规模的实体投资、技术投资。

通胀效应带来的是金融风险、债务风险，属于富贵病。通缩危机则导致实体萎缩、科技停滞、消费低迷，属于穷人病。

中国有14亿多人口，但不是消费大国。中国实体经济，尤其是制造业对海外市场十分倚重。据海关统计，2020年上半年，我国货物贸易进出口总值为14.24万亿元，同比下降3.2%，降幅较前5个月收窄1.7个百分点。其中，出口为7.71万亿元，下降3%；进口为6.53万亿元，下降3.3%。

有些人认为，中国需要一场牛市来提振投资信心。其实，“大疫水牛”无法提振信心，只会加剧资金流入资本市场，削弱中产家庭的消费力。

在股市大涨周，银保监会警示称，“一些高风险影子银行死灰复燃，有的以新形式新面目企图卷土重来。企业、住户等部门杠杆率上升。部分资金违规流入房市股市，推高资产泡沫”。同时，深圳也出台了“深八条”调控政策，符合“大热必调，稍冷又松”的惯例。

监管部门以“稳”字当头，不希望过多的资金流入股市、楼市，带来不必要的麻烦。

但将资金引入股市，就像牵牛，一拉即可；将资金引入实体，则像推毛线，越推越软。这就是通胀效应与通缩危机的真实写照。

“大疫水牛”再牛也是水做的，“泡沫刚性”再刚也是泡沫。真正能提振信心的只有改革开放，把池子挖开，把淤泥清掉，水才能进来。

参考文献

[1] 中国人民银行. 2020年上半年金融统计数据报告[EB/OL].（2022-07-10）[2022-10-08]. http://www.pbc.gov.cn/goutongjiaoliu/113456/113469/4055207/index.html.

[2] 保罗 · 沃尔克，克里斯蒂娜 · 哈珀.坚定不移[M].徐忠，译.北京：中信出版集团，2019.

[3] 海关总署.上半年我国进出口总值14.24万亿元同比降3.2%[EB/OL].（2022-07-15）[2022-10-08]. http://www.customs.gov.cn//customs/xwfb34/mtjj35/3190582/index.html.

通胀，还是通缩？

2020年12月，央行原行长周小川对传统通胀的概念及度量提出了挑战。他指出，现行通胀指标较少包含资产价格会带来失真。[①]

周小川提出的问题，引发了学界的讨论。

为何会出现通胀？房价高涨及资产价格泡沫，是否也是通胀现象？全球货币超发给经济带来哪些冲击？

本节从货币的角度探索通胀—通缩二元结构的内在逻辑。

01
大央行主义

2020年，全球主要央行“挂满挡”，但经济依然在挣扎，货币当局开始关注政策目标的问题。2020年9月，美联储主席鲍威尔在全球央行年会上发表的《长期目标和货币政策策略》演讲中引入了“平均通胀目标”的概念。

---

① 周小川：《拓展通货膨胀的概念与度量》，《中国人民银行政策研究》2020年第3期。

过去，美联储一直执行沃尔克和弗里德曼奠定的对称式通胀目标。自20世纪90年代以来，欧美不少国家以2%的通胀率作为货币政策的唯一目标。2012年，美联储首次确认通胀、就业与利率三大目标，其中首要的是将对称式通胀目标控制在2%以内。

这次，美联储采用的平均通胀目标与对称式通胀目标的区别是，允许“一段时间内”物价涨幅超过2%。这说明美联储对待通胀的态度更加宽容，更倾向于推高通胀而不是抑制通胀。

货币主义的观念是“通胀猛于虎”。2020年，美联储大规模发行货币，民众对美国的通胀感到担忧，为什么美联储还倾向于推高通胀？

从1984年到2008年，美国持续了20多年的增长，通胀一直维持在低水平。这被认为是货币主义的胜利。但是，金融危机后，美国通胀率仍长期低于2%，被认为处于通缩状态。

这时，通缩焦虑替代了20世纪70年代的通胀后遗症。凯恩斯主义认为，“通缩比通胀更可怕”。2020年，美联储发了很多货币刺激经济，但是依然通缩。2020年10月美国CPI仅同比增长1.2%，美联储关注的核心PCE价格指数10月仅同比增长1.4%。

鲍威尔不修改目标，但暂时摆脱了通胀率目标的束缚，以加大货币刺激的力度。周小川关注的问题则更进一步，指出通胀指标的度量有问题。他在文章中指出，“近期美联储货币政策目标转向了平均通胀目标。如果按过去的度量方法得出的通胀很低，而资产价格上升得比较多，会出现不可忽略的结果，货币政策的设计和响应难以坚称与己无关。”[①]周小川指出的问题更切合实际。房价上涨、

① 周小川：《拓展通货膨胀的概念与度量》，《中国人民银行政策研究》2020年第3期。

股价上涨，难道不也是通货膨胀吗？如果把资产价格算上，中美两国的通胀水平并不低。

在经济学中，通货膨胀是指流通中的货币过多导致贬值的一种经济现象，其表现为市场价格上涨，通常以CPI（消费者物价指数）作为衡量指标。理解通胀需要注意两点：

一是通胀是由货币超发引起的，表现为市场价格上涨，但是市场价格上涨不等于通胀。比如，因突发灾害导致粮食短缺引发的物价上涨，不被界定为通胀。

二是CPI只是反映通胀水平的一面“镜子”，反映通胀的镜子还包括资产价格、劳动力价格、公共用品价格等。

货币超发引起房价、股价及资产类价格大涨，但物价没有大幅上涨，也说明市场发生了通胀。所以，目前以CPI为核心的通胀指标未能真实地反映通胀水平。甚至，这种狭义的通胀指标还导致了资产价格上涨。为什么？

美联储以物价指数作为通胀率目标，相当于给商品市场设置了一条价格高压线，引导货币更多地流向房地产、股市、虚拟货币等资产市场。这就造成两种糟糕的预期：一是实体经济低通胀预期促使央行进一步加大货币刺激（像当前的鲍威尔）；二是资产价格膨胀预期吸引更多的资金进入。

如果市场是自由的、水平的，以上问题不会存在。因为随着资产价格膨胀、风险加剧，更多的货币会流向实体及消费市场。

但是，如果美联储以控制物价为通胀目标，并且屡屡拯救房地产及金融市场，就会出现实体通缩、资产通胀的两极化问题：

货币在通胀高压线的驱使下流向资产市场，当资产价格出现风险时，央行又一次次救市。这就催生了道德风险，建立了资产价格只涨不敢跌的预期，使更多的资金涌向投资周期短、流动性好的资产市场。资产价格上涨，富人财富增加，更多的资金进一步配置在资产市场上；中产购买刚需房，真实债务增加，房地产、金融等市场“外溢”出来的资金又回流到房地产上；穷人真实财富缩水，消费趋于谨慎，消费市场进一步萎缩。整个社会的储蓄率上升，资金经由商业银行和投资银行，又流向资产市场。

当然，美国的货币市场的流动性比中国更大，资金容易流向家庭及消费市场。2020年，货币超发，通胀预期也增加，美联储提前给市场做思想工作，放宽对通胀的容忍度。

所以，美联储以物价为核心的通胀目标以及干预政策（大央行主义），导致了资产通胀、实体通缩的二元局面。

现在要提出的问题是：通胀指标是否应该涵盖资产价格，一篮子价格指数是否能更真实地反映市场的通胀水平？

一篮子价格指数涵盖物价、资产价格、劳动力价格、公共用品价格等，更能够反映真实的通胀水平。这是一面更真实的镜子。

但这个做法有统计学意义，没有经济学意义。为什么？

不论是CPI还是一篮子价格指数，作为通胀指标，都无助于央行制定更科学的货币政策。大央行主义的思路是，通过国家（央行）信用，为经济基本面兜底，建立“大而不倒”的商业银行体系，实施稳定的利率政策，以维持物价稳定和社会经济的基本盘稳定。CPI通胀指标的坏处是失真，好处是能更准确地反映物价水平，更有助于央行稳定物价。所以，CPI作为通胀指标，是大央行主义的最佳选择（当然也是糟糕的）。

如今时过境迁，经济基本面的风险早已从物价转变为资产泡沫，于是，有经济学家提出应将资产价格纳入目标加以控制。一篮子价格通胀指标更具真实性，一定程度上可以缓解资产通胀、实体通缩的两极化。但其坏处是对物价稳定不够灵敏，可能通胀率不高，但物价大涨（如调权重，则自欺欺人），对普通民众伤害更大。更严重的问题是，整个市场价格被央行控制，趋于失灵状态，结果就是笔者所说的“全球经济通往货币计划之路”。

所以，调整通胀目标，像“人丑怪镜子”。其实问题在于“人丑”，而不是“镜子”。问题在于大央行主义的计划干预，而不是具体的指标与目标。一篮子价格通胀目标是“正确地回答了错误的问题”。

这是货币制度的问题，更是经济学思想的问题。

02
底层大逻辑

接下来，我们沿着“资产通胀、实体通缩”的思路，分析中国经济通胀—通缩的基本格局。

银保监会主席郭树清曾发文指出：“目前，我国房地产相关贷款占银行业贷款的39%，还有大量债券、股本、信托等资金进入房地产行业。可以说，房地产是现阶段我国金融风险方面最大的‘灰犀牛’。”[①] 透过房地产，我们需要关注出口制造业——外汇占款的大逻辑。

① 郭树清：《完善现代金融监管体系》，《经济日报》2020年12月31日。

通常，随着常年大规模的出口，制造业快速增长，工人收入增加，外汇收入增加，消费力增强。这时要区分不同的汇率制度：如果是自由汇率制度，民众会增加商品进口，经常项目趋于平衡，生活水平和财富在不通胀或温和通胀中上升（优选）；如果是结汇制度，主要消费停留在国内市场，商品价格和制造业工人的工资也随之上涨——财富与通胀共同增加（次选）。

目前中国的情况接近于第二种，但主要体现为房价大规模上涨。当然，笔者并不是说中国的物价、工人工资没有上涨，只是这两者的涨幅远不如房价，也不如货币。

这是为什么？

在货币、土地及金融制度的作用下，房地产和制造业存在一定的逻辑关系。简单逻辑是，房价大幅上涨吸收了大量的家庭收入，削弱了消费能力，抑制了商品价格及工人工资上涨。

如果加上“外汇”这一维度，我们就会发现一种经济逻辑：

最开始，大规模廉价劳动力制造了大量出口商品，商品出口创造了巨额的外汇；央行通过结汇制度以外汇储备发行人民币，外汇很快成为人民币最大的“锚”；依托外汇占款发行的大量人民币进入房地产，房地产价格上涨，一定程度上削弱了边际投资与消费；房地产泡沫出现，资本项和汇率的下行压力增大，刺激出口创汇增加……

以下三组数据可用于论证以上逻辑：

第一，外汇占款。

1993年，中国央行的“外汇占款”占总资产的比例仅为10.5%。此后，伴随着外贸出口暴增，外汇占款持续攀升，到2013年12月，达到了峰值83.29%。

换言之，外汇是人民币第一大“锚”，我国基础货币的价值是由工人的体力与创造支撑的。

依托外汇占款发行大规模的人民币，可能引发国内通胀，但是物价并未大幅上扬。这些钱去哪儿了？

第二，银行贷款。

2008—2017年，工行、农行、中行、建行四大行累积投放信贷规模为252.76万亿元，其中个人住房贷款为68.84万亿元，占比27%，制造业贷款49.34万亿元，占比为19%。再加上房企贷款，十年内四大行投向房地产领域的贷款规模总计达87.96万亿元，占比34.8%。

从变化趋势来看，2012年，个人住房贷款历史性地取代制造业贷款，成为四大行贷款的第一大投放方向。

换言之，我国信贷货币的价值主要是由房地产及土地支撑的。尤其是2012年以后，更多的货币投入房地产而非制造业中。

货币流向房地产加剧了高房价的趋势。高房价抬高了家庭负债，压低了家庭消费。中国人民银行调查统计司的报告显示：在有负债的居民家庭中，76.8%的家庭有住房贷款，户均家庭住房贷款余额为38.9万元，占家庭总负债的比重为75.9%。

高房价抑制了国内消费市场，资金脱实向虚，制造业面临技术转型升级的难题。

第三，国际收支。

根据国家外汇管理局公布的国际收支初步数据，2020年第三季度，经常项目顺差为942亿美元，资本项目（含净误差与遗漏）逆差为849亿美元（上季度净流出911亿美元）。从这组数据可以看出，中国的资本是外流的，但是商品出口大于进口，从4月至10

月，出口连续正增长，支撑了汇率上涨。

通常，房地产泡沫增加，资金外流加剧，外汇市场会承受巨大的压力。但是，中国大规模价格低廉的商品出口持续支撑了外汇市场。2020年下半年，欧美国家疫情严重，生产受阻，供应能力被削弱，依赖从中国进口，加上美元相对疲软，推动人民币持续升值。最近几十年，支撑人民币汇率的并不是资本项目，而是商品出口。

所以，我们需要重新评估大逻辑下的资金流动与配置。

假如（只是假如）更多的货币进入消费市场，物价上涨，制造的出口优势被削弱，可能导致：出口制造减少，工人工资反而下降；通货膨胀和资产泡沫双重冲击外汇市场。从这个角度来说，通货膨胀（物价上涨）是比房地产泡沫更可怕的存在。

是否有机会形成“更多的货币进入消费市场”这种情况？

当前，中国还有6亿人月可支配收入低于1000元，同时家庭杠杆率高，所以国民不高的收入、不足的消费、较高的杠杆、不完善的社保，无法支撑消费扩张，推动物价上涨。

房价全面下跌是否会挤出大量的货币进入消费市场？由于过去的经济周期体现为房地产周期，如果房价全面下跌，市场预期趋于悲观，消费与投资更加谨慎，家庭收入可能反而减少，经济短期内更可能通缩而非通胀。

剩下的似乎只有一条路了：超发货币，消费信贷扩张，引起物价上涨。但是，以当前的监管态势来看，消费信贷趋于收敛。

不过，依然存在一种通胀风险，那就是货币的“锚”贬值。

上面我们讲到，外汇是中国央行最核心的资产。2013年12月外汇占款达到了峰值83.29%，之后持续下降到2019年的58.7%，下降接近25个百分点。

下降部分被什么资产替代？答案是“对其他存款性公司债权”，即央行对商业银行的债权。对其他存款性公司债权的比重在2014年只有6.4%，到2019年上涨至31.5%，增加了25个百分点，正好覆盖了外汇占款的降幅。

央行资产负债表的这种变动可能存在通货膨胀隐性风险。这种风险与国民收入无关，与消费市场膨胀无关，与资产价格跌落无关，直接由货币失锚（贬值）触发。如果触发，更可能导致滞胀。

03
国际经济学

通常，通胀“掠夺”财富，通缩“清洗”财富。

如何摆脱这种风险？

中国经济存在一些二元结构，所有的二元结构都可以追溯到国内外二元结构这个问题上。目前通胀通缩二元结构，是国内外市场没有完全打通的结果。所以，需要通过货币、银行、金融、土地等制度形成内外一体的经济循环。

国际宏观经济学中有个“三元悖论”：在开放经济条件下，本国货币政策的独立性、汇率的稳定性、资本的完全流动性不能同时实现，最多只能同时实现两个目标，而放弃另外一个目标。

美国选择的是货币政策独立、汇率自由浮动和资本自由流动；中国香港选择的是固定汇率、资本自由流动和货币政策不完全独立；中国内地的情况目前则不完全符合“三元悖论”。

假设选择货币政策独立、汇率自由浮动和资本自由流动，国际资本对房价泡沫和通货膨胀形成抑制。当国内房价上涨，风险出现时，资金加速外流，房价会自动回落。所以，国际市场给国内市场带来外溢性风险，也会对货币政策形成约束，平抑国内市场风险，起到“削峰填谷”的调节作用。这也符合蒙代尔—弗莱明模型。但是，国际市场仅仅起到约束作用，根本上还是要进行内部改革。

国际资本与土地制度。

中国香港是开放经济体，国际资金自由流动没能平抑其房价。为什么？我们需要关注香港的土地供给。香港的土地供给单一，而且供给规模小，容易被国际资本爆炒。土地供给单一叠加国际资本可能对房地产市场价格造成扭曲。

国际资本与汇率制度。

1988年，中国处于价格闯关的关键时期，美国经济学家弗里德曼正好来中国，他给出的建议是：放开外汇管制，有助于物价平稳。他还指出，外汇管制削弱了国家的对外竞争力。

什么样的汇率制度风险更低？固定汇率还是自由浮动汇率？

汇率制度与资本流动是相关联的。如果是固定汇率与资本自由流动的组合，资本流动有助于平抑内部通胀，但前提是这个国家具备足够的外汇与经济实力维持固定汇率。如果是浮动汇率与资本自由流动的组合，资本流动有助于约束货币滥发（“世界货币”美元除外）。在这种制度下，个人持有外汇可以进口商品，可以对外投资，国际收支趋于平衡。如此，巨额的外汇不会转化为本币，形成“外汇占款”的货币超发，可以避免类似于当年西班牙的“价格革命”，抑制通货膨胀和房地产泡沫。

国际资本与货币制度。

当今世界主要国家都奉行大央行主义，弗里德曼的货币主义本质上也是大央行主义，只不过是干预最少的大央行主义。弗里德曼试图使用国际资本、浮动汇率对货币政策形成约束，但是忽略了货币的外部性（网络效应）。

为什么国际资本对美元滥发的抑制作用非常有限？因为美元是首屈一指的“世界货币”，对国际资本构成垄断。当然，对于普通国家来说，国际资本对货币政策构成约束。但是，这种约束仍然是扭曲的。普通国家只能跟随美元周期来实施宽松或紧缩政策，从而酝酿了周期性的国际外汇风险。

所以，国际资本自由流动与大央行主义的货币制度是冲突的，根本问题不在国际市场，而是大央行主义。

本质上，货币供应量是由个人（央行）和政策目标决定的，还是由市场（银行）与自由竞争决定的呢？

大央行主义支持前者，试图通过科学的宏观指标来确定合理的货币供应及利率。凯恩斯主义试图根据货币流速的不同而匹配相应的货币供应量，以达成诸多宏观经济目标。弗里德曼把问题简化了，他拉出历史数据证明货币流速长期是稳定的，货币供应量起决定性作用。弗里德曼认为，通过控制货币供应量实现物价平稳，是货币政策的唯一目标。

凯恩斯、弗里德曼都是大央行主义者，都强调人为控制货币供应量，以实现宏观经济目标。其实，任何宏观经济指标，如CPI、GDP、PPI等，都不具有经济学意义，只有统计学意义。从经济学角度来看，宏观指标违背了方法论的个人主义，若用于价格调控，则会破坏经济规律与竞争规则。

大央行主义越是追求稳定，市场反而越不稳定，越可能爆发通胀、资产泡沫，抑或陷入低效的稳定。如果使用CPI作为目标调控货币，物价稳定但资产价格膨胀；如果使用一篮子价格作为目标调控货币，经济将陷入长期低效。

当今世界应该废除大央行主义，采取另外一种思维构建货币框架。譬如，重塑货币及银行制度，建立自由竞争的货币供给制度：央行作为公共机构只负责设定货币制度及履行监管职责，商业银行负责货币发行，让市场决定货币供给和利率。

首先，需要强调的是，央行对银行进行监管极为重要，但监管不涉及货币的价格与供给。正如法与经济学家波斯纳所强调的：契约法不干涉交易价格与供给。央行与商业银行之间的关系是契约关系，前者不能干涉利率及货币供应。

其次，央行重在建立货币制度，高价值的“锚”是货币稳定的基础，以此替代无休止的价格及供应干预。

什么才是好的“锚”？需要满足三个条件：由国际市场定价、价格稳定、流动性好。有些人提出采用国内资产，如基础设施、农村土地、生态资源，替代美元作为人民币的“锚”。不是不行，但必须符合以上三个条件。国内资产必须是证券化的，这样流动性才好，最关键的是要经由国际市场定价，受到国际市场的认可。

所以，开放经济体反而不需要储备那么多的外汇，这类国家可以使用一些经由国家市场定价的优质资产作为本币的“锚”。非开放经济体需要储备大量的外汇，构建很宽的护城河，且还未必保险。与大海连通的内陆河反而更平稳，但内陆河容易堆积“堰塞湖”。最近几年，25%的外汇占款被央行对商业银行的债权替代，是否可行？这其实是考验中国商业银行的实力。如果中国商业银行的实力在国际市场的自由竞争中受到认可，其价值被确认，自然没有问题。但是，如果商业银行的实力是个未知数，则会增加人民币的未知风险。

最后，将货币的供应及价格交给商业银行。

很多人担心，商业银行追逐利润，会盲目借贷，引发通胀和资产泡沫。

货币价格等同于货币质量，避免通胀其实是为了确保货币质量稳定。在央行监管和自由竞争之下，央行不给商业银行兜底，商业银行要追逐利润目标就必须控制风险，进而必须谨慎放贷，促使利率和货币供给稳定，最终维持货币高质量和低通胀水平。在这一制度中，商业银行自由竞争等同于货币高质量与低通胀水平。

参考文献

[1] 杰弗里 · 萨克斯，费利普 · 拉雷恩.全球视角的宏观经济学[M].费方域，译.上海：上海三联书店，2004.

[2] 弗朗西斯 · 福山.政治秩序与政治衰败[M].毛俊杰，译.桂林：广西师范大学出版社，2015.

通胀，滞胀

过去，货币当局救市，一次次将货币注入金融市场，干预了货币流向，阻断了市场出清。

最终，投资者们失去了对危机到来的恐惧的底线感知，却又在这个最大市场交易者面前，时刻如履薄冰。

在美联储的不对称调节下，看似一切均在掌控中，然而，危机隐现。

2022年，全球货币宽松潮已经迎来了拐点。

全球货币大潮每逢起落，似有惯性，但永远充满意外。

迎接拐点

2021年2月25日，美债收益率飙升，债市杀跌，美股大跌，特斯拉等科技股遭到重创，黄金下跌，非美货币下跌，美元指数上升。接着，亚太股市全线下跌，日经、恒生指数及A股大跌。

一轮货币紧缩将刺穿“大疫水牛”和“刚性泡沫”吗？

本节从货币政策的角度分析流动性拐点。

01
通胀预期与流动性拐点

先简单将这次全球主要金融市场下跌的逻辑说一下：美国经济复苏预期增强→通胀预期增强→流动性紧缩预期增强→美元指数飙升→美债杀跌，美股下跌，黄金下跌→非美元货币下跌，亚太股市下跌。

从2021年1月中旬开始，美国接种疫苗的速度明显加快，2月中旬每天接种数量已经提升到170万剂。根据美国疾病控制与预防中心（Centers for Disease Control and Prevention，CDC）的数据，截至2月23日，美国已注射了6500万剂新冠疫苗，目前有1988万人接种了两剂疫苗，接种规模覆盖13%的美国人，疫苗接种率领先于大多数国家。

疫苗普及推动新增患者人数大幅下降，2月25日为7万多人，较1月9日的32万人下降了不少。

据彭博社估计，2021年3月底前美国将有1.3亿人接种疫苗（约占美国总人口3.32亿的39%），到4月30日将达到2亿人。美国专家预计，群体免疫时间要早于拜登团队的预期。

疫苗的快速普及和隔离限制的减少，大大增强了人们对经济复苏的预期，以及对市场的投资信心。

美国公布的数据显示，2021年第四季度实际GDP修正值录得4.1%，比初值4%有所改善；截至2月20日，初次申请失业金人数录得73万人，大幅小于市场预期的83.8万人。美国1月耐用品订单月率录得3.4%，大幅高于市场预期的1.1%。

就在2021年2月1日，美国国会预算办公室发布报告，预计2021年美国经济有望增长4.6%，并在年中恢复至新冠疫情前水平。德意志银行将美国2021年GDP增长预期上调1.2个百分点至7.5%。世行行长马尔帕斯认为，美国经济看起来正在快速复苏。纽约联储行长预测，2021年美国GDP增速可能达到数十年来最高水平。

正是2月这一系列经济数据的公布，以及对美国经济复苏的乐观预期，重创了当月的美国金融市场。

为什么？

因为经济复苏强化了通胀预期，通胀预期又强化了流动性紧缩的预期。2020年，美联储打开货币闸门，流动性泛滥，资产价格膨胀。美国政府已推出了2.8万亿美元财政计划，拜登再加码1.9万亿美元，刺激方案中资金规模接近5万亿美元。

随着经济复苏，通胀率增加，美联储定然会转入紧缩，适当回收部分货币。目前美国通胀率还偏低，2020年11月、12月均为1.2%，2021年1月和2月上升到1.4%。但是，通胀预期走到了前面，对未来10年平均通胀水平的预期已升至近2.2%。另外，大宗商品，尤其是原油、铜等与通胀相关的商品价格也大幅上涨。经济复苏越快，通胀预期便越强，流动性拐点就越早到来。

债市对流动性的反应比股市更加敏捷，利率上涨预期强化，投资者抛售国债。受高于预期的经济数据冲击，2021年2月25日美国十年国债收益率突然快速飙升，美债下挫，引发连锁反应，美股及亚太股市大跌，黄金及非美元货币下跌，美元走强。

那么，流动性紧缩什么时候到来？

美联储的态度永远模棱两可。美联储主席鲍威尔在2021年2月23日表示，美国经济正在复苏，但认为复苏前景充满不确定性。亚特兰大联储行长博斯蒂克认为，目前（美国）经济复苏处于“艰难阶段”，但就业前景并非完全黯淡。

美国纽约联邦储备银行行长威廉姆斯称，“我预计实际GDP 2021年将急剧反弹。得益于强大的联邦财政支持和持续的疫苗接种，2021年GDP增速可能达到几十年来最高水平。由于美国和全球经济仍远未完全恢复，我预计潜在的通胀压力将在一段时间内保持低水平”。

流动性拐点的时间与疫苗的有效覆盖情况直接相关。

这里我们需要考虑两个方面：

一是疫苗的有效性。

以色列团队在《柳叶刀》上发表的一项新研究显示，美国辉瑞新冠疫苗在第一剂接种后15～28天能达到85%的有效性。一项针对英国1.9万名卫生人员的研究发现，接种一剂辉瑞疫苗可以降低大约70%的感染风险，接种两剂后保护率上升到了85%。

二是疫苗的全球覆盖率。

如果全球其他国家尤其是欧洲及亚太的疫苗接种速度缓慢，会拖累美国经济的复苏。美联储会考虑经济复苏的脆弱性，以及紧缩政策给国际汇率市场带来的不确定性。

如果美国的疫苗能够按当前的速度接种，那么2021年下半年，辉瑞等美国公司便可向全球其他国家提供大量疫苗，全球将更快进入疫苗逐步覆盖的后疫情时代。

如果美国的疫苗普及率、疫苗的有效性和全球覆盖率都较高，接下来就看美联储对经济复苏及通胀的预判。通胀是美联储货币政策的三大目标之一，在货币政策转向时，可能是最为敏感的指标。关于这轮通胀，主要考虑两点：

一是通胀反弹要比上一个周期更快。

上一个周期中，受2008年金融危机冲击，大量中产家庭的资产负债表遭到破坏，修复速度缓慢，家庭收入增长缓慢，另外，美国政府及美联储的救市计划主要是针对银行和大型企业的。

但是，这次不同。新冠疫情犹如一场“大暴雪”，突然中断了美国强劲的经济增长，股市遭遇短暂崩盘，但家庭的资产负债表受到的冲击远不如上一次大。再加上特朗普政府给家庭、失业者、中小企业提供了大量的现金援助，拜登政府接着给广大家庭发放福利。一旦经济快速复苏，隔离政策解除，家庭资产负债表可以迅速修复，大规模的现金福利将推高通胀。

二是美联储提前放宽了对通胀率的容忍度。

通常美联储将2%作为通胀率的目标，如今适度放宽，但也需要结合通胀反弹的强度和市场的承受度来确定。如果通胀反弹强度大，价格迅速上涨，美联储也会采取相应的政策。

美联储放宽对通胀率的容忍度，可能是更多考虑到经济复苏的不均衡性。一些受疫情冲击较大的旅游业、娱乐业，以及受国际疫情影响的产业，预计复苏较为缓慢。这是一种等待策略和保险策略，等待经济系统全面启动。但是，在宏观经济学中，不均衡复苏的问题更依赖财产计划来解决。

02
计划经济与不对称调节

如今，股市这个经济晴雨表，是不是失灵了？2020年，经济低迷时，美股大涨；2021年，经济复苏开启，美股大跌。

货币大潮及反复救市导致经济两极分化：富人在资本市场中通胀，穷人在实体经济中通缩。这种两极化也体现在金融市场中，比如“牛头熊身”、股灾式牛市；又如比特币暴涨，但众多小币种归零；再如一线城市房价上涨，众多小城市房价低迷。

美股、港股和A股出现了严重分化，海量货币扎堆科技股，基金抱团龙头股。比如美股中的微软、苹果、特斯拉，港股中的腾讯、美团、恒大汽车，A股中的茅台及部分新能源、生物科技股，均大涨。但是，其他大多数股票，尤其是实体企业的股票，可以说是惨不忍睹。美股中前100市值股票的交易总额占比达到50%，港股这一数据达到80%。传统的股票价值评估体系受到了挑战。

所以，在经济萧条时期，资产价格膨胀是一种货币现象。当流动性收紧，抱团股瓦解，泡沫第一时间崩盘，最敏感最先下跌的就是这些资产价格。

就像2021年2月25日这次美股纳指大跌3.52%，大型科技股全线走低，苹果、亚马逊、谷歌、Facebook、波音、英特尔、阿里、京东、百度、拼多多跌幅均超过3%。新能源泡沫挤得更厉害，特斯拉跌超8%，蔚来汽车和理想汽车跌近10%，小鹏汽车跌8.6%。股市，不仅是经济的晴雨表，还是货币的晴雨表。

接下来，资产价格会怎么走？

如果随着疫苗的有效普及，美国经济持续复苏，"资产价格通胀，实体经济通缩"的两极化趋势会得到缓解。具体表现是，高泡沫的资产价格会下跌，有些泡沫存在崩盘的风险，主要是那些技术薄弱、长期亏损的科技概念股。

2021年，投资方向逐渐向利润回归。大量资金回归到有价值支撑的实体企业和科技强企，主要是盈利状况好的企业。

很多人期待2021年经济回归正常化，期待一种"美好场景"的回归。经济持续复苏，美联储紧缩货币，提高利率，控制通胀，将多余的货币回收，同时经济保持增长态势，无疑是干预主义者渴望看到的美好场景。

但是，这种场景出现的可能性越来越小。正如本书中多处所提，从20世纪80年代格林斯潘执掌美联储开始，美联储每一轮货币政策都是不对称的，即利率下调幅度总是大于上调幅度，宽松力度总是大于紧缩力度。

为什么？

货币由人来支配定然会出现这种状况。货币宽松，人人皆大欢喜，趋之若鹜；货币紧缩，买房、炒股的投资者，银行家及政府官员都给美联储施压。就像2018年，通胀有些抬头，美联储加快了紧缩步伐，就把美股的“腰闪了”，吓到了投资者和特朗普，后者疯狂给美联储施压。

还有一点很重要的是，货币超发拯救了本该出清的市场和企业，反过来等于滋养了“债务巨婴”，供养了一批劣质市场和劣质企业。这些市场和企业极度脆弱，只能在零利率、政府补贴下生存，利率稍微上升，便立即爆雷。

这次，美联储主席鲍威尔可能再次面临这种压力。通常，受资产价格脆弱崩盘的压力，美联储不会采取过度紧缩政策，而是温和调节。自2001年互联网泡沫以来，这几乎成了历史性常态。

这样的结果是货币发行量失控，割裂自由市场，推高资产价格，打击实体经济，形成“低利率、低通胀、低增长、高福利、高货币、高债务”的经济局面。

如今，刚性泡沫似乎可以长期存在，资产价格似乎会持续上涨，经济周期似乎被弱化，金融危机似乎也没有那么可怕，一切似乎都在美联储的掌控之中。经济的周期性特征被经济分化取代，被货币调节控制。正如2020年发生史诗级股灾，美联储也可力挽狂澜，拯救资产价格，甚至再送泡沫一程。

这种格局之所以能够长期维持，是因为美联储很好地控制了通货膨胀——主要指物价上涨。

大量的货币超发为何没有引发物价大幅上涨?

一是大规模的货币流入金融市场，而不是实体经济；

二是反复拯救资产价格，持续推动资产价格上涨，吸引更多资金进入资产市场。

在理论上，大量资金进入金融及房地产市场，随着边际投资收益率下降，泡沫风险涌现，大量资金会撤离，进入实体经济，从而推高通胀。但是，由于对金融和房地产市场反复施救，资产价格持续上涨，资金继续投入房地产和股市，消费则持续低迷。比如土地及政策调节推动房价持续上涨，从房地产、银行、制造业等赚取的钱被反复投入房地产中。货币流动进入一种追逐资产价格的单项循环，大量挤压了家庭消费，实体经济乏力。这就是“资产价格通胀，实体经济通缩”的逻辑。

在现有的金融制度下，资产价格沦为一种货币现象，被长期看涨，区别在于货币宽松时大涨，货币紧缩时小幅回落。这并不是说泡沫不会崩盘，一些劣质的企业及过度扩张的企业，在货币稍微紧缩时便崩盘。但总体来说，如今是一个悲哀的资产盛世时代。大央行—大财政主义反复为资产价格兜底。最简单的投资逻辑是，按照美联储的节奏投资科技龙头股。

这就是美联储式的计划经济制造的结果。这是全球金融制度的问题，是大央行—大财政主义的问题，也是宏观经济学及货币理论的问题，更是政治制度及权力结构的问题。政府、央行、商业银行、金融、科技、跨国公司及福利主义者的利益深度捆绑，美元与美债互相兜底。目前，看不到一股力量能够改变这一趋势。

03
交易控制与房地产泡沫

这一趋势显然是不可持续的。但是，如何才能终结这一悲剧式的两极化局面?

假如美股再次爆发股灾，美联储又无底线救市，股票依然可能上涨。如此反复，股票是否会一直上涨?其实，这种价格是一种泡沫化的货币现象。刚性泡沫是一种政治顽固，恶性通胀是击溃这一政治顽固的唯一办法。如果爆发20世纪70年代级别的通货膨胀，并且引发经济滞胀，货币大潮让所有人遭受惩罚，无一幸免，选民就会向政府、国会及美联储施压，让它们做出根本性的制度改变。

2021年，万物价格大涨?

通过上面“资产价格通胀，实体经济通缩”的逻辑，我们可以反推，如今在货币超发下发生恶性通胀必须具备两个条件：一是资产价格下跌；二是社会消费能力强，即家庭可支配收入较高，资产负债表健康。

通胀爆发依赖较大规模的家庭消费，家庭消费依赖可支配收入和低负债率。2008年金融危机后，美国家庭经历了暴力去杠杆。此后多年，家庭资产负债表缓慢修复。到疫情暴发前，美国经济增长强劲，资产负债表相对健康。美国贫富差距接近历史最高，主要是由资产价格膨胀造成的，但家庭可支配收入还是比较高的。这次疫情对家庭资产负债表的打击远不如上一次；同时，美国政府给家庭发放了不少现金补贴。因此，一旦疫苗快速普及，通胀反弹的压力要大于上一次。

但是，还得看资金流向哪里。如果资产价格下跌，就会挤出更多资金流入实体，投资成长性好的实体企业。资产价格下跌的资金挤出可能扩大家庭消费，实体经济的成长会增加家庭收入，也可能扩大家庭消费。家庭消费的扩张，则推动物价上涨。

这时，美联储的货币政策就很关键。如果美联储继续去泡沫，资产价格继续下跌，那么货币追逐资产价格的单项循环就将被打破，货币将分流到实体经济中。当然，货币不会只流入实体经济，也会进入成长性好的股票。但是，即便如此，货币也分流到了整个市场，引发市场的整体价格上涨。

如果美联储无法承受资产价格下跌，降低紧缩步伐，甚至出手拯救资产价格，资产价格不降反升，使更多资金流向金融市场，资产价格继续通胀，实体经济将继续通缩。

这轮紧缩政策，美联储可能会陷入两难。一边是通货膨胀反弹，另一边是资产价格脆弱。如果紧缩力度小，通胀上升；如果紧缩力度大，资产价格雪崩，进而推高通胀。笔者估计，美联储开始会采取温和紧缩，扩大对通胀的包容，将货币滞留在金融市场，维持一定的资产价格通胀；同时，保持一定的流动性，以方便联邦政府持续融资。如果万物腾贵，经济陷入滞胀，美联储只能效仿当年沃尔克“铁血”紧缩。在沃尔克之前，美国20世纪70年代的货币政策也曾极为挣扎，时而紧缩，时而宽松。

货币政策是一种“与魔鬼做交易”的相机选择，美联储也是走一步看一步，需要重点关注美国的通胀率。

预计未来某些时刻，金融市场的价格崩盘还会多次上演。我们该如何应对？

2020年，中国金融监管层指出，房地产是最大的“灰犀牛”①，接着下发了房地产贷款的“两道红线”，试图给金融部门建立一道风险隔离墙。2021年，深圳推出了二手房参考价格，这个价格指令是银行按揭贷款的依据，这相当于抑制了流动性进入楼市。另外，网传22个城市“集中供地”，旨在控制交易，将土地交易、房地产开发、销售及贷款纳入计划管理。

2021年上半年是全球流动性关闭的最后窗口。中国金融部门提前做压力测试，房地产、大型企业都在去杠杆，个别房地产企业如华夏幸福，个别大型企业如苏宁，个别地方国企如永煤控股，陷入了流动性危机。2020年，疫情降低了地方税收收入，地方政府通过大规模卖地获得补偿，但这也进一步推高了泡沫风险。2021年“集中供地”，土地财政收紧，地方政府也进入了压力测试区。

这不能说中国提前进入了流动性紧缩，流动性转向的关键标志是美联储的货币紧缩政策。LPR及中期借贷便利（Medium-term Lending Facility，MLF）利率持续不变，其实是在等待全球流动性拐点。目前实施的政策目的是开展压力测试、计划调节和主动挤一点泡沫。

在这轮流动性紧缩中，中国是否会出现通货膨胀？

首先，需要解决一个问题：房价是否应该纳入通胀指标？这存在争议。按照货币主义对通胀的定义，只要是货币超发引发的价格上涨——不管是房价上涨，还是商品价格上涨，都被认定为通胀。

其次，看货币超发下通胀的两个条件，即资产价格下跌和社会消费能力萎缩。中国的货币超发很严重，家庭消费能力不足，大量

---

① 张文婷、李彤、郭树清：《房地产是现阶段我国金融风险方面最大的“灰犀牛”》，人民网金融频道，2020年12月1日。

资金集中在房地产、金融及一些人手上。2008年金融危机后，与美国家庭去杠杆不同，中国家庭的负债率持续上升，最主要的是房地产信贷。很多城市家庭未来每个月的收入，很大一部分都要用于还房贷，而真正用于消费的并不多。

换言之，大量资金集中到了银行及房地产市场中。如果房价下跌，一部分资金会转化为消费，物价会有所上涨。比如，笔者的一位朋友刚放弃了买房，转而买了一辆好车，计划享受生活去。但是，过度集中的资金不会大规模转移到消费中，不会转变为家庭消费，而是依然转化为投资。比如，富人的资金不投房产，可能投股票或其他市场。问题是如此庞大的资金，投到哪个实体市场，哪个实体市场就会立即出现产能过剩。产能过剩的结果不是价格上涨，而是下跌。

与美国不同的是，中国及新兴国家在新一轮紧缩周期来临时，还要防范汇率贬值的风险。如果汇率大幅贬值，房地产等资产价格下跌压力会更大。

综合以上分析，房价上涨与下跌对政府都不利，调控政策需转向交易控制。计划性控制价格和流量，将是房地产的调控趋势。降低货币的周转率则是一种经济去货币化的管控政策。

总之，本次彩排，拐点将至。

全球正式进入紧缩时代

2022年3月16日，美国联邦公开市场委员会（FOMC）宣布加息25个基点，将联邦基金利率上调至0.25%~0.50%。该决议的表决结果为8票赞成1票反对，只有圣路易斯联储行长布拉德（James Bullard）投了反对票，他坚持加息50个基点。这是美联储2018年12月以来的首次加息。

这次加息幅度符合市场预期。靴子落地，没有更坏的消息就是利好，当天美国三大股指不降反涨，道指涨1.55%，标普500指数涨2.24%，纳指涨3.77%。

同时，FOMC 3月点阵图显示，官员预计2022年全年美联储共加息7次，即余下每次FOMC会议加息25个基点，至2022年底利率为1.9%，2023年底利率为2.8%。

这意味着大疫宽松终结，美国正式进入紧缩周期。由于美国经济总量占世界经济总量的1/4，美元在全球外汇储备中占比约60%、在国际结算中占比约80%，美联储此次加息定然推动全球经济开始进入紧缩时代。

美联储加息对我们有何影响？中国将降息还是加息？这轮紧缩政策能走多远？

01
前胀后滞

这次加息终于在磨磨叽叽中落地。此前，2020年3月加息已是明牌；俄乌冲突给这次加息增加了一些变数，但差别只是加25个还是50个基点。美联储为稳妥起见，选择了25个基点，同时将贴现利率从0.25%上调至0.5%，与市场预期一致。鲍威尔还透露，美联储最快可能在5月宣布开始缩表，资产负债表框架将与上次相似，速度将比上次更快。

美联储主要通过联邦基金利率、公开市场操作和贴现利率三种手段来调节货币市场。具体来说，联邦基金是指美国的商业银行存放在联邦储备银行的准备金，这些资金可以拆借给其他成员银行。商业银行也可以直接向联邦储备银行拆借。这种同业间拆借的利率称为联邦基金利率。

美联储能够提高的联邦基金利率，是联邦储备银行直接拆借给商业银行的拆借利率。由于美联储是最大的同业拆借参与者，它提高拆借利率，会推动整个行业的拆借利率上升。银行间的拆借利率上升，意味着商业银行的融资成本增加，进而推动市场贷款利率上升，市场流动性下降。

公开市场操作指的是联邦储备银行通过在公开市场中买卖债券来调节货币数量。新冠疫情全球大流行时，美联储启动大规模量化宽松（扩表），买入大量的债券直接向市场投放美元。从2021年11月开始，美联储缩减购债规模，到2022年3月已终结了量化宽松。债券市场的美元流动性下降，商业银行的存款利率、拆借利率均上涨，进而推高了市场贷款利率。

本轮紧缩周期，美联储可能面临前所未有的挑战。新冠疫情和大疫宽松政策导致美国乃至全球经济陷入高通胀和高泡沫（高债务）的危险境地。2022年，俄乌冲突重创了正在脆弱复苏的全球经济，大大增加了滞胀风险——通胀高企和资产泡沫崩溃。

如今，美联储的紧缩政策面临两难：紧缩力度不足，难以控制通胀；紧缩力度太大，可能击溃资产泡沫。

美联储在2021年错过了终结量化宽松的最佳时期，加上俄乌冲突的冲击，如今它面临巨大的通胀挑战。美国劳工部发布的数据显示，2022年2月消费者价格指数（CPI）同比上涨7.9%，1月为同比上涨7.5%。俄乌冲突引发的能源及粮食价格飙升，将推高3月的消费者价格指数。

但是，市场又担心美联储因通胀激进加息导致金融崩溃。这是一个不易权衡的难题。预计，在本轮紧缩周期中，美联储前期的挑战是“胀”大于“滞”，后期则是“滞”大于“胀”。美联储预测，自2022年至2024年PCE通胀预期中值分别为4.3%、2.7%和2.3%，而2021年12月预测分别为2.6%、2.3%和2.1%。美联储还大幅度下调了经济增长预期：自2022年至2024年GDP增速预期中值分别为2.8%、2.2%和2%，而此前预期分别为4%、2.2%和2%。2022年、2023年失业率预期中值与之前预测一致，均为3.5%（失业率指标钝化）。

从以上预测数据可以看出，在本轮紧缩周期中，美联储2022年的政策目标主要是抗击通胀，2023年的主要任务是应对经济下滑、泡沫崩溃风险。美联储希望在2022年将通胀压低到4.3%，而2月CPI为7.9%，任务为抗通胀；同时，因担忧经济衰退，其将2023年的经济预期增速降到2.2%。

与2016—2018年前缓后快的紧缩策略不同，这轮紧缩的进度可能是前期加息和缩表力度会稍微大一些，后期反而更加温和。FOMC 2022年3月点阵图显示，官员预计2022年美联储共加息7次，至年底利率为1.9%，2023年底利率为2.8%。换言之，2022年预期加息幅度为165个基点，大于2023年的90个基点。

美联储主席鲍威尔清楚，当前CPI高企有两个原因：一是货币因素，大疫量化宽松，刺激需求旺盛，即真正的通胀；二是供给因素，新冠疫情和俄乌冲突打击了能源及原材料供给，进而推高了粮价和物价，即不是真正的通胀。鲍威尔认为，美联储对新冠和战争引发的供给危机毫无办法，他要做的就是解决货币因素影响，终结量化宽松，提高利率和缩表。

假如俄乌冲突及对俄制裁未扩大化，2022年通胀率依然在6%以上，资产泡沫又岌岌可危，美联储怎么办？美联储依然会把抗击通胀放在第一位，哪怕资产泡沫因紧缩而崩溃。这是美联储官员的职责（通胀目标）所在，是美联储根深蒂固的沃尔克遗产，也符合弗里德曼的价格理论。

假如2022年美联储将通胀率压低到4.3%的预期目标，那么，美联储会更加关注“滞”的风险，即经济下滑、金融崩溃。通胀是美联储当前的挑战，但美联储真正担心的是金融风险。

现在的美联储在货币操作上更倾向于现代货币理论。联储官员们不太在乎货币数量的多寡，对通胀不忌惮。只要不爆发通胀、美债收益率曲线不陡峭，联储官员们更愿意维持宽松政策，通过发行美元来促进国民资产证券化——支持金融资产膨胀。2022年3月议息会议公报指出，“美联储在未来缩减资产负债表时，将留意更大范围的经济形势”。

古根海姆（Guggenheim Partners）首席投资官斯科特–米纳德（Scott Minerd）信奉弗里德曼的货币数量论，对如今美联储的操作颇为不满。他指责，美联储已经基本上抛弃了货币政策正统——控制货币供应。Scott Minerd认为，美联储以牺牲在控制货币供应和管理资产负债表方面的职责为代价，对金融市场给予了过度的关注。

客观上说，如今美国通常认为的通胀难题（以CPI为指标）要弱于20世纪70年代大通胀时期，而金融资产泡沫风险要远远大于70年代。当时的大通胀，除了货币超发外，更为根本的原因是布雷顿森林体系解体导致美元信用崩溃，进而导致美元全面贬值，对应的商品价格则全面上涨。重建美元信用非一日之功，它是一个美元重新定价的自发程序。此后十年大通胀是美元三次贬值、重新发现价格的十年。其实，如今的货币超发规模远胜当年，若按弗里德曼的通胀定义，今日之通胀要恐怖得多。只是通胀形态发生了变化，从商品通胀转变为金融资产通胀。因此，本轮紧缩周期，美联储真正担心的是金融崩溃。

02
内忧外患

根据历史经验，美联储每轮货币宽松都会引发全球流动性泛滥，新兴国家层层加码，金融资产、债券及房地产泡沫膨胀；每轮货币紧缩都会引发全球流动性下降，新兴国家金融动荡，全球资产泡沫岌岌可危。这就是美联储的计划经济，或者说美联储的紧缩计划引发的悲观预期。

美联储的紧缩政策是如何影响全球经济的？

美元是全球第一大储备货币、第一大国际结算货币，美联储的紧缩政策对全球经济的冲击是全方位的。

全球流动性下降，融资成本上升，债务风险加剧。

美联储提高联邦基金利率，推动全球融资成本上升，借入大量美元债的政府、企业的偿债成本增加。美国联邦政府付息成本增加，土耳其政府、恒大集团的美债的偿债压力增加。若美元利率继续上升，政府及企业的美债偿付能力达到阈值时，就会爆发债务危机。

债券收益率上升，资产价格波动，资产泡沫崩溃。

债券、石油、黄金均是美元的对冲产品。当美债泛滥贬值时，债券、石油、黄金成为抗通胀避险资产；当美元紧缩利率上升时，美元变得稀缺金贵，市场回收流动性下降，债券、石油、黄金价格容易下跌。

美联储是美债的最大持有者，美联储缩表直接抛售美债，美债价格下跌，债券收益率会上升。美债是全球金融资产的定价之锚，美债抵押资产缩水会加大金融产品风险，市场纷纷赎回现金，股票、基金等资产价格下跌，甚至可能崩盘。

有人会感觉奇怪：美联储加息消息出来后，十年期美债收益率不涨反降；同时，美国三大股指反而大涨。原因很简单，这次加息是打明牌，市场提前消化了加息风险。俄乌冲突爆发后，十年期美债收益率下滑，但2022年3月6日之后市场预期推动其收益率迅速上升，在加息政策宣布前创下2.239的新高。道琼斯指数和纳斯达克指数均自2022年1月开始进入下跌通道，股票市场提前进入紧缩周期。这次加息的力度基本符合股票市场的预期。

新冠疫情、货币宽松和俄乌冲突推动黄金、国际原油及大宗商品价格大幅度上涨。美元紧缩能否降低大宗商品价格？美元对大宗商品的对冲优势是碾压式的，原油和黄金无法与美元竞争。从资产负债表的角度来看，所谓的“美金”“石油美元”如今已不复存在。我们可以简单回顾一下美元与石油、紧缩与通胀的大决战史：

1971年布雷顿森林体系解体导致金本位制度崩溃，黄金被踢出货币市场，美元也遭遇信用危机。接着，美国因美元信用危机陷入十年滞胀。到1982年，美国经济面临大萧条以来的至暗时刻，国际原油和黄金价格大涨，而美联储正在实施高度紧缩政策。当时一些人怀疑美元的国际信用，质疑美元是否还能与黄金、石油抗衡，紧缩政策能否压制通胀。里根政府的财政预算部官员通过模型推演认为，只要美联储坚持加息，国际资本就会抛弃石油、黄金等抗通胀产品，转而大举买入美元及以美元计价的资产。结果正如模型推演的那样，黄金、石油及大宗价格下跌，美元重建信用，美元指数上升，通胀逐渐回落，美股开启了一轮大牛市。

沙特石油商是否会削减美元支付？石油贸易在美元国际结算中的占比很大。当美元泛滥时，石油商会适当增加欧元、英镑及其他货币的支付比例。但假如俄乌冲突及对俄罗斯制裁不再扩大化，一旦美元进入升值通道，美元的国际结算比重就又会增加，包括沙特在内的石油商会纷纷要求以美元结算。

俄乌冲突爆发后，国际原油价格一度突破120美元一桶，但2022年3月16日加息前预期驱使油价回落，提前释放了风险。加息消息公布后，WTI实时油价回升到97美元。未来，油价走势最大的不确定性还是俄乌冲突以及对俄罗斯的制裁。

美元指数上升，新兴国家和地区货币贬值，资金外流、通胀上升。

美联储进入紧缩周期，他国央行通常也会跟随。原因有两方面：

一方面，美元升值，本币贬值压力大，资金外流、通胀上升，可能触发汇率风险和金融动荡。另一方面，美元是全球使用规模最大的储备货币，不少国家的央行通过储备美元来发行本币，美元紧缩，意味着他国央行手上的“子弹”减少、“子弹”价格更贵，抑制了其货币扩张的能力。

通常，欧美国家底子好、实力足，敢于跟美联储一起紧缩或推迟紧缩，新兴国家和地区则会因货币及债务过度扩张而陷入两难境地。如果是固定汇率，则紧跟美联储脚步；如果是自由汇率，主要看国力和地区实力，弱则抢跑，强则拖沓；如果是有管制的固定汇率，情况更要复杂得多。

中国香港采取固定汇率，相关机构只有金融管理局，实施联系汇率制度。香港严格遵循不可能三角原则，港元与美元挂钩，资本自由流通，放弃独立的货币政策。当美联储宣布加息25个基点时，香港金管局第一时间跟进加息，“根据预设公式，基本利率设定于0.75%”。中国香港与巨人同频赛跑，足以看出其强悍的国际金融实力。

中国内地采取的是有管制的汇率制度，情况要复杂一些。从2021年下半年开始，中国央行的货币政策与美联储相向而行。如今，美联储加息落地，中国央行是否会按下降息暂停键？2022年3月，可能是受俄乌冲突、中概股退市、信贷数据下滑、紧缩预期等影响，市场信心极度低迷，港股和A股连续大跌。随后，金融稳定会议召开，指出货币政策要主动应对，新增贷款要保持适度增长。第二天，股市大振。

2022年3月10日，欧洲央行会议决定，考虑到俄乌冲突的不确定性，维持现行的宽松政策不变。行长拉加德表示，欧洲央行的加息过程将是渐进的，更可能在年底跟进加息。

美联储宣布加息的这一周是2022年内最关键的全球央行超级周，市场关注各经济体央行对美联储加息的反应。英格兰银行在2021年已提前加息，预计这次也会紧跟美联储，连续第三次加息25个基点。巴西央行因2021年通胀飙升已大幅抢跑，预计将连续第九次提高关键利率，至11.75%。俄罗斯因战争与制裁陷入极端困境，卢布崩盘，通胀爆发，预计俄罗斯央行在2月28日1050个基点的加息后还将继续提高利率。日本的步调与欧洲央行更接近，晚于美联储紧缩。土耳其央行属于抢先爆雷、自暴自弃型，要么按兵不动，要么反其道而行之。

总之，美联储进入紧缩周期，新兴国家濒临货币危机。

03
降多加少

本轮紧缩周期多长？美联储最终加息幅度多大？

通常，美联储紧缩周期为2～3年，FOMC 2022年3月点阵图预期，到2023年，联邦基金利率提至2.8%。有没有可能继续往上走？美联储也无法给出答案，唯一的答案就是未来充满不确定性。

不过，我们可以从一个大周期的历史经验角度来理解美联储的货币周期。打开美联储的联邦基金利率历史走势图，从沃尔克抗击通胀的1982年看起，我们可以发现两条非常清晰的规律：

一是从1982年开始，联邦基金利率一直在阶梯式下行，一直降到本轮加息之前的0.25%。换言之，过去40年，我们其实一直处于一个大宽松周期。

二是从1982年开始，美联储每一轮的货币政策都采取不对称操作，即每一次降息幅度都要大于加息幅度。这导致联邦基金利率呈阶梯式下行：1982年宽松周期降14个点（百分点），1988年紧缩周期只加3个点；1990年宽松周期降6个点，1994年紧缩周期只加2个多点；2000年宽松周期降4个点，2005年紧缩周期加将近4个点；2008年宽松周期降5个点，2015年紧缩周期只加2.5个点；2019年8月开启降息，2020年3月联邦基金利率直接降到零附近。

这是一个有趣的发现。按照凯恩斯主义的说法，美联储可以借用公共信用实施“逆风而行”的操作，即在经济萧条时实施宽松政策，在经济复苏时再将多余的货币收回来。

但是，覆水难收。

法定货币铸币权作为一种公共用品，缺乏价格机制，分配效率不足，催生“搭便车”动机，容易沦为“公地悲剧”。超发货币，皆大欢喜；紧缩货币，痛不欲生。凯恩斯是精英主义思维，他设想由独立于政府的政治精英（经济学家）按照学术中立来制定货币政策，以实现中性利率。沃尔克是凯恩斯的理想主席，格林斯潘是美联储最杰出的交易员。金融危机爆发后，民众“鞭挞”格林斯潘，伯南克、耶伦、鲍威尔三位联储主席均过度迎合民众意愿，宽松不遗余力，紧缩战战兢兢。当然，这不是央行行长的问题，而是中央银行制度的问题。

每一轮大宽松都会阻断市场出清，催生大量的劣质需求、劣质企业和劣质资产。比如，美联储印钱，经财政部发给家庭，以此刺激旺盛的需求，就属于劣质需求——不是源自真实储蓄，而是来自真实债务。美联储跳过商业银行直接提供贷款养活的企业，属于劣质企业——市场信用已破产；依靠美联储通过宽松手段将市场利率压到自然利率之下才能存活的企业，也属于劣质企业——接受正常利率即破产。劣质资产就是完全由货币累积起来的货币泡沫，如近些年的房地产泡沫和股票泡沫。

劣质需求、劣质企业和劣质资产导致经济系统非常脆弱，整个金融系统依靠债务存活。美联储稍微提高联邦基金利率，市场利率小幅度上升，就会超过劣质企业的偿债能力，使其立即陷入破产危机；或者，金融市场缺乏实体价值支撑，泡沫因流动性下滑而崩溃。面临如此恐怖之象，美联储根本不愿也不敢大幅度提高联邦基金利率——除非CPI疾起。简言之，宽松周期制造的巨额债务压制着联邦基金利率抬升。

如此，过去40年，我们一直生活在大宽松周期中，美联储的资产负债表持续膨胀，联邦政府债券规模也大幅增加。

鲍威尔在上一轮紧缩周期中只将联邦基金利率加到2.5%就开始进入宽松周期，这次他能突破自己的纪录吗？

在上两轮宽松周期（金融危机宽松和大疫宽松）中，美联储实施了接近于零的联邦基金利率，合计时间长达8年。极低利率饲养了一大批巨婴般的劣质企业和劣质资产。对靠极低利率输氧存活的企业来说，稍微提高利率或遭遇外溢性风险，就会触及“临界态”，发生债务危机。2019年5月，纳斯达克指数回撤8%，美联储便不敢再往上加息，并于8月开始降息。如今，这轮利息还怎么加？

目前，美联储最大的挑战来自俄乌冲突的不确定性。2022年3月议息会议的公报指出，俄乌冲突对美国经济造成的损失非常不确定，可能会对美国的供应和贸易产生溢出效应。战争将使供应链问题更加错综复杂。能源价格上涨正在推高通胀，乌克兰危机造成了更大的通胀上行压力。①

从公报可以看出，美联储最担心的还是这场战争引发的能源危机，而不是盈余代理人危机和主权债务危机。金融制裁导致俄罗斯央行超过一半的外汇被冻结。3月16日是俄罗斯主权债券付息日，俄罗斯方称已支付出去，但对方未必能收到。这可能构成技术性违约，但无关宏旨，因为俄罗斯主权债务违约的风险敞口有限。俄罗斯主权债务2022年内剩余到期量为182.7亿美元，美元债务约占25%，欧元债务约为0.68%。

如果战争扩大和制裁升级导致能源价格进一步大涨，则是美联储最不愿意看到的。假设一种极端情况，这场战争导致石油价格飙升到200美元以上，时间长达几个月，美国通胀火上浇油，同时金融岌岌可危，美联储还继续加息吗？在这个时候，美联储大概率会按下暂停键，如果金融崩溃冲击到实体经济，还可能继续实施宽松政策。

最后，我们从40年大宽松周期角度看美联储与新兴国家的关系。过去40年，新兴国家因加入全球化而兴起，是美联储大宽松的直接受益者——拥有了廉价的国际资本。1997年，克鲁格曼曾指

① 美国联邦公开市场委员会2022年3月16日会议声明。

出亚洲奇迹依靠廉价资本不可持续。当时，美联储处于紧缩周期，大量资本从亚洲回撤到美国被投入新兴的互联网市场中。接着，亚洲爆发了金融危机，克鲁格曼名声大噪。但是，2000年互联网泡沫危机爆发和次年的“9·11”恐怖袭击，使美联储大幅度降息，这又拯救了亚洲新兴国家。2008年金融危机爆发后，同样的剧本再次上演，新兴国家再次“失而复得”廉价的国际资本。

过去40年，美联储哪怕有一次采取稍微有力的紧缩措施，将联邦基金利率提高到4%以上，新兴国家都可能面临日本泡沫危机般的灾难。

我们经常骂美联储放水，其实新兴国家放水更甚。不论是金融危机宽松周期还是大疫宽松周期，新兴国家如巴西、土耳其的货币供应总量——广义货币（M2）增速均远远高于美国。很多人感到奇怪，美联储大搞量化宽松，为什么美国的广义货币增量这么少？

美联储紧缩像拉毛线，直接提高了商业银行的融资成本，容易推高市场利率；美联储宽松就像推毛线，联邦基金利率很低，但商业银行出于风险考虑而谨慎放贷。凯恩斯认为这是市场失灵，叫流动性陷阱。其实，这是市场显灵。美国的商业银行是私人银行，利率市场是自由市场。美联储应该感谢商业银行和自由市场，是它们的自利原则调节了货币总量，在一定程度上抑制了美联储以公利为目标的胡作非为。但是，很多新兴国家没有独立的央行，更没有私人银行、自由利率市场，这种自由市场缺失导致货币总量失控。这就是新兴国家货币危机（债务危机）的根源所在。

当然，新兴国家寄希望于美国先爆雷，美联储半途按下暂停键然后直接降息，如2007年次贷危机、2020年疫情和股灾危机时一样，这样就能再混一个宽松周期。

通胀，还是滞胀？

2021年3月，美国国会通过了拜登政府提出的1.9万亿美元的经济刺激方案。

市场反应不一，公众预期混乱：有人认为财政刺激会加速经济复苏；有人则担心通胀接踵而至，甚至引发经济滞胀。

资本市场跌宕起伏，股票大涨大跌，2020年上涨迅猛的新能源股大幅下跌。市场担心，通胀预期增加，会加速流动性拐点到来，美联储提前紧缩货币。最敏感的十年期美债收益率一度攀升至1.64%，债务市场惊出一身冷汗。

大疫放水是否会引发通胀？通胀从何而来？通胀与债务问题是否会诱发滞胀危机？

本节分析财政及货币扩张与通胀、滞胀的关系。

01
通胀从何而来？

通胀，是经济学中极易被误解的概念，指的是货币贬值。米尔顿·弗里德曼的理解是准确而精炼的，他说:“通货膨胀在任何时候、任何地方都是货币现象。”

但是，这句话也经常被经济学家误解。有人说，过去几十年，货币发行量持续大规模增加，但是物价却是稳定的，没有出现通货膨胀。

其实，这些人并没有理解弗里德曼的话。当时，很多人认为，通胀是物价现象，是成本现象。弗里德曼直击本质——通胀是货币现象。通胀并不等于物价上涨，物价上涨通常被看作通胀的表现。

但这种表述也不严谨，表现在两个方面：

一是物价上涨只是通胀的表现之一，房价上涨、股价上涨、大宗商品价格上涨，都是结构性通胀。

过去几十年，大量货币流向股票市场、房地产市场，导致股票价格上涨、房价上涨，这就是通胀。过多的货币追逐过少的商品或资产，便是通胀。过去几十年，不是没有发生通胀，只是通胀发生在房地产市场和金融市场。这恰恰证实了而不是证伪了“通胀即货币现象”。

二是供应短缺、成本上升推动的价格上涨，并不是通胀。

如果是供应短缺，如石油输出国组织大幅度降低石油供应，导致油价上涨，带动大宗商品及物价上涨，这种现象并不是通胀。因为价格机制会产生调节作用，成本推动价格上涨，价格上涨激励供应增加，供应持续增加逐渐平抑价格。成本推动的高价格不可能长期维持，除非人为控制。弗里德曼厘清了通胀的概念，供应短缺导致的价格上涨问题，并不是真正的通胀。通胀的真正问题是货币超发。

历史上的通胀，尤其是恶性通胀，都是货币超发引起的货币贬值现象。我们以20世纪70年代大通胀为例。美国人最开始以为通胀源自1973年的石油危机。石油危机引发石油短缺，导致短期内价格翻了数倍，整体价格大幅上涨。但是，后来经济学家发现，通胀并非源自石油危机。弗里德曼指出，成本推动价格上涨并不是真正的通胀，通胀的根本原因是60年代的货币超发，石油危机只是通胀螺旋的诱发因素。

“二战”后，凯恩斯式政策在美国成为主流。但是，货币超发现象并不严重，政府的财政赤字控制得也比较好。主要原因是，当时联邦政府的财政扩张主要依赖高税收，而不是财政赤字货币化。

但是，从1965年开始，高税收已无法支撑迅速扩张的财政赤字。当时的约翰逊总统提出了“大社会”计划，搞乡村建设，给黑人、少数族裔及女性发福利。从1965年到1969年，联邦支出总共增加55%，每年增加11%，而在此之前的三年，每年支出仅增加2%。

高税收无法支撑财政赤字，约翰逊总统只能向美联储融资，美联储在此后几年扩张了货币。从1967年到1968年，M1增长了3%左右。货币超发引发了通胀。从1960年到1965年，通胀率都维持在1.6%以下的低水平。但是从1966年开始，通胀率大幅度上升：1966年飙升到3.01%，1967年回落到2.78%，1968年又反弹到4.27%，此后两年都在5%以上。

所以，在约翰逊时代，通胀就已经初现端倪。到了尼克松时代，通胀压力越来越大。尼克松的整个职业生涯都在与通胀做斗争。自称“在经济上是一个凯恩斯主义者”的尼克松采取了干预主义办法，冻结食品价格，阻挠工会加薪，规定工资增长率不得超过5.5%。但这些努力最终都失败了，通胀更加严重。

对于价格干预的失败，弗里德曼的价格理论有着清晰的解释。人为压低价格，打击了供给，供给减少加剧了供不应求，价格反而上涨。价格机制不起作用，价格难以自动平复。

当时的美联储主席伯恩斯曾是尼克松的经济顾问，他给予了联邦财政融资过多的支持。尼克松错误的价格干预和伯恩斯宽松的货币政策，进一步推高了通胀。

自1972年至1973年，鸡蛋价格上涨49%，肉类整体价格上涨25%。这是发生在石油危机之前的事情。石油危机到来后，通胀彻底爆发，1973年通胀率为6.16%，1974年高达9.2%。

弗里德曼的通胀理论是最易理解的，任何东西供应远大于需求都会贬值，货币也是如此。问题是货币发行多少为超发？

弗里德曼基于费雪方程式论证了货币流速长期恒定。但是，后来很多人（包括蒙代尔和张五常）提出，在弗里德曼的时代，金融投资规模小，尤其是国际外汇交易远不如今天频繁，货币流速也完全不同，实际情况并不是弗里德曼证实的“流速是稳定的”。

其实，在自由市场中，供应是多还是少，不是人为决定的，也不是通过计算公式测算的或推理的，而是由无数个自发性交易决定的。根据弗里德曼价格理论，货币是否超发，就看价格，看消费价格是不是上涨了，房价是不是上涨了，股价是不是上涨了，工资价格是不是上涨了，债券价格是不是上涨了，利率是不是下跌了，汇率是不是下跌了。

从2008年金融危机到2020年，虽然美国消费价格和工资价格稳定，但是美股翻倍，房价大涨，债券价格上涨，利率长期“躺零”，这定然是货币超发，即通货膨胀。

但是，这轮通胀中，房价和股价上涨，却并未引起物价上涨和工资价格上涨，也未引发通胀螺旋。这是为什么？

通常的逻辑是，如果市场是水平的，银行实施信贷宽松政策，货币流向楼市和股市，房价和股价上涨，这时，有两个途径可能会引发物价或整体价格上涨：

第一，劳动工资。

银行、房地产与金融三大领域及其相关领域从业人员的工资收入会上涨。比如过去十年，中国市场上收入最高的一群人主要是银行、房地产及金融从业者。货币经由他们之手流向消费类市场，引发物价上涨。这就是传导效应。

第二，投资风险。

受资本边际效率递减规律支配，只要技术保持不变，资本投入越多，收益率越低，风险越大。大量资本进入股票市场和房地产市场时，股市和楼市的泡沫风险就越来越大。这时，市场风险机制就会起作用，一些投资者会将资本配置到低风险的实业进行投资，一些中产会将资本转化为消费，如更换新车。如此，货币就传导到实体经济中。

但是，这种情况在过去十多年并未完全发生，主要原因有两个：

一是收入悬殊，少部分人获得了大部分财富。

银行行长、房地产城市经理、基金经理年入百万元甚至千万元。受边际消费倾向的支配，高收入群体将大部分财富拿来投资而不是消费。如此，更多的货币流向了投资领域。与之形成对比的是，大多数人收入低、储蓄少、消费能力弱，货币也难以进入消费市场。所以，如果整体家庭收入不高，消费价格上涨的动力就会偏低。但是，这种低物价并不是好事，因为这说明财富严重不均，穷人在实体中通缩，富人在资产中通胀。表面上储蓄率高，但结构性问题严重。

房地产、金融及其相关领域也催生了一批中产，城市中产是消费的主力军。不过，中产将家庭收入的大部分投入房地产中。房子，对于中产来说，与其说是资产，不如说是真实的负债，至少从消费端来说是如此。中产每月支付的房贷，严重挤压了消费，进一步削弱了消费能力。

二是存在道德风险，人为改变了资金流向。

政府及央行反复救市，对股票市场和房地产市场的反复施救引发了巨大的道德风险。很多人判断，政府及银行系统与美股、房地产高度捆绑，不可能不施救。于是，资金反复进入股票、债券与楼市中打滚。

同时，贫富悬殊，穷人缺乏消费能力，中产债台高筑，消费市场低迷，富人不愿意投资实业，因为大量资金进入，很快就会造成产能过剩。一些大宗商品短期内大涨，如果没有足够的消费力化解，也会引起产能过剩；商品大量积压在企业端或上游，甚至会引发局部市场的价格下跌。

这是人为制造的市场扭曲。表面上货币流向房地产市场和股票市场，抑制了通胀，保护了穷人和中产，其实是“豢养”了穷人，利好了富人，打击了中产，制造了泡沫危机和债务危机。

02
滞胀从何而来?

20世纪70年代的大通胀，还有另外一种可能的来源，即美元本身遭遇信用危机。

如果把通胀比喻成货币大厦崩盘，那么弗里德曼认为，有可能是大厦越盖越高，最后难承其重，导致垮塌。还有一种可能是，大厦崩盘于地基（货币之锚）抽空。

金属货币的地基是金银，不是官银或女王的头像。铸币者有时通过削减金银含量或以次充好的方式收取铸币税。市场一旦发现劣币，容易出现劣币驱逐良币现象。这种情况会越来越严重，导致货币价值贬损，直至崩溃，即爆发通胀。

金本位货币亦同理，货币之锚是黄金，本币要锚定黄金价格。如果一国黄金储备大规模减少，或者政府债务尤其是对外债务大规模增加，本币抵押物价值缩水，没有足够的黄金储备满足刚性兑付，就会导致货币价值崩溃，黄金大涨，通胀爆发。

70年代的大通胀主要缘于美国债务负担加剧，无力支撑高价美元，最终击溃了布雷顿森林体系。

我们简单回顾一下布雷顿森林体系。这个体系是“二战”后的国际汇率体系。它以美元为基本盘，成员国货币锚定美元，美元锚定黄金，最初比价是1∶33。布雷顿森林体系实质上是金本位货币体系。

这个体系崩溃与否关键看美国能否维持美元与黄金的固定比价，从根本上看是美国是否具备充足的黄金净储备。

1949年美国的黄金储备达到246亿美元，占到了欧美世界的73.4%。但是，从50年代开始，美国贸易持续逆差，黄金不断外流。到1960年，美国的黄金储备下降到178亿美元，引发了第一次美元危机。为了防止美元贬值，美国在1961年联合了法国、英国、瑞士等8个国家，共同拿出2.7亿美元，建立了一个黄金总库。英格兰银行负责经营黄金总库，在伦敦交易以维持黄金价格。这种情况的出现是由特里芬难题决定的。

到了1965年之后，国际收支持续恶化的同时，美国债务规模快速增加，其中包括大规模外债。主要原因有二：一是约翰逊总统的大社会计划增加了政府赤字；二是长期的对越战争加重了美国对外债务，美国从战后的债权国沦为债务国。

我们看具体数据。到1968年3月，美国黄金储备下降到121亿美元，而对外短期债务达到331亿美元。这引发了第二次美元危机。1971年上半年，美国的贸易逆差高达83亿美元，黄金储备只有102亿美元，对外流动债务高达678亿美元，是黄金储备的6倍多。

这时，尼克松总统让基辛格组建了一个团队研究对策。基辛格提拔沃尔克担任联邦财政部副部长来负责这个项目。经过几个月的研究，沃尔克提供了一个操作方案，那就是美元与黄金脱钩，停止对外兑付黄金。1971年8月，尼克松在戴维营会议后宣布了这一决定，即布雷顿森林体系瓦解。

所以，贸易赤字和政府赤字消耗了美国的黄金净储备，抽空了美元之锚，美元无法维持与黄金的固定比价，布雷顿森林体系解体，价格崩盘，黄金大涨，美元贬值，通胀爆发。

当时，美国面临的问题是重建美元信用，而不仅仅是控制货币发行量。当然，控制货币发行量是重建美元信用的重要手段，但仅采取这一措施是不够的。重建美元信用，包括重新给美元寻找信用锚、重建货币制度、控制货币发行量、促进美国经济复苏等。

这个过程很漫长。1971年的戴维营会议后，负责货币事务的沃尔克马不停蹄地飞赴欧洲及日本等地，试图说服欧美世界的财长与行长接受这一现实，并对美元保持信任。为了稳定美元信用，美国政府与中东国家签署了石油国际结算协议，指定由美元作为石油国际结算的唯一货币。这就是我们所说的“石油美元”。

布雷顿森林体系崩溃后，美元成为无锚货币，即信用本位货币。与金本位货币不同，美联储没有兑换黄金的义务。即使被称为“石油美元”，美联储也不会向美元持有者兑付石油。它的作用是通过国际石油结算加大对美元的需求，稳定国际市场对美元的信任。

但是，不巧的是，1973年石油危机爆发。像前些年黄金大涨一样，石油大涨，市场抢购石油，抛弃美元，美元贬值，大通胀爆发。从这个角度来看，石油危机并不是通胀的诱因，而是美元寻锚失败的结果。石油危机爆发，货币信任危机触发大通胀，大通胀导致经济萧条，经济萧条反过来侵蚀国家信用，国家信用坍缩进一步打击美元信用。

到了20世纪八九十年代，世界主要国家基本上都重建了信用货币体系，广义上以国家信用为锚。美元主要以国债及证券为锚，其他国家的货币主要以美元及国债为锚。

所以，70年代的大通胀就有两种解释：一种是弗里德曼的货币超发说，即大厦盖得太高；另一种是货币之锚崩盘，即大厦地基不牢。八九十年代，弗里德曼的解释颇为流行，最近十多年，后一种解释备受关注。

不管哪一种解释都面临一个问题：通胀为何演变为滞胀危机？

滞胀危机在历史上是比较罕见的。价格上涨通常与经济过热联系在一起，而不是经济萧条。根据价格理论，市场价格上涨，会激励投资增加，使产能扩张。但是，20世纪70年代的大通胀却是一场持续多年的滞胀危机。以1974年为例，美国通胀高企，失业率飙升到7%以上，实际经济断崖式跌入负增长。

在此之前，凯恩斯主义界流行一种理论——菲利普斯曲线。这个理论最初是由新西兰经济学家威廉·菲利普斯提出的，它揭示的是失业率与工资的负相关关系：失业率上涨，名义工资下降；失业率下降，名义工资上涨。

到1960年，萨缪尔森用美国历史数据替换了菲利普斯使用的英国历史数据，用物价上涨率代替名义工资增长率，得出了通货膨胀率和失业率之间的替换关系。当通货膨胀率上升时，失业率下降；失业率上升时，通货膨胀率下降。他将这一理论命名为“菲利普斯曲线”。

这个理论简单直接，被树为萨缪尔森新古典综合派的大旗，在凯恩斯主义界地位甚高。但是，到了70年代，菲利普斯曲线失灵了，通胀率与失业率同时飙升。萨缪尔森将这种经济现象定义为“滞胀”。但是，他无法解释滞胀，凯恩斯主义者陷入了迷茫。

滞胀危机的爆发，意味着菲利普斯曲线失灵，凯恩斯主义破产。当时经济学界面临的难题就是，如何解释滞胀危机。

03
危机从何而来？

1978年，经济学家小卢卡斯提出，我们需要重新反思货币经济学。他指出，货币及财政扩张对经济的刺激，容易被市场预期到，公众会反过来利用公共政策炒房炒股和争取福利，导致资金空转，经济泡沫化。这就是“卢卡斯批判”。

在此基础上，布坎南从宪政的视角指出，菲利普斯曲线的背后，是所谓的民主过程中，大众欲望膨胀对政治势力扩张的纵容，以及政治势力扩张对大众欲望膨胀的哄骗。

小卢卡斯和布坎南都基于理性预期，即市场对政策可以先知先觉，否定了凯恩斯式政策的作用。弗里德曼和哈耶克主张的是后知后觉，指出这种刺激性的政策制造了滞胀危机。

1976年，弗里德曼获得了诺贝尔经济学奖。在发表获奖演讲时，他抓住机会认真地批判了菲利普斯曲线。他说，由于短时间获取的信息成本太高，价格上涨时，雇主会产生“货币幻觉”（误解了价格信息）：误以为市场需求扩大从而增加雇佣，扩张产能，提高杠杆。过一段时间，原材料和工资价格也上涨，这时雇主反应过来了，解雇工人，缩减产能，就业和经济照旧，剩下的只有通胀。这就是长期货币中性。

弗里德曼使用的是价格理论和货币中性理论，哈耶克使用的是从信息分散、迂回生产到企业家才能的一整套理论。哈耶克认为，政府信用扩张，会导致市场利率下降，商品价格上涨，企业家产生误判，盲目扩大生产，增加负债率，加大迂回生产的风险。表面上市场欣欣向荣，实际上市场需求并没有增加。当政府的信用扩张无法持续时，银行收紧贷款，企业就会破产，使失业增加，经济陷入萧条，即发生滞胀危机。

不管是先知先觉还是后知后觉，新自由主义者遵循的都是古典主义的市场逻辑，即政策信息→价格机制→个体决策→市场失衡（滞胀危机）。他们认为，货币是稳定器，价格是指南针。货币超发引发通胀，使市场信息混乱，个体决策错误，经济陷入混乱、停滞与萧条。

所以，治愈通胀或滞胀的关键是稳定价格，而稳定价格的关键是控制货币发行量。在这方面，德国弗莱堡学派的欧根提出的货币目标优先原则，是最为明确且有效的。他的理论被认为是联邦德国经济持续低通胀增长的根本。

1979年，担任美联储主席的沃尔克施以虎狼之药控制通胀。在沃尔克看来，“一点点通胀也是危险的”。1982年，美国经济跌入大萧条以来最糟糕的境地，沃尔克依然不放松，还将利率提高到20%。新自由主义的理论和沃尔克的成功经验告诉世人，控制货币数量、稳定市场价格，在滞胀危机中都是第一位的。

另一种解释是，滞胀危机是由于美元信用坍塌引发的系统性经济危机。弗里德曼及新自由主义者对滞胀的解释包含着一个经济过程。但是，70年代的滞胀危机似乎没有这么清晰的过程，它更像是一个系统性的危机，债务危机、通胀危机、外汇危机几乎同时爆发。这场危机之所以反反复复延续了十年，是因为美国的国家信用遭遇了危机，而不仅仅因为简单的货币超发。

反过来说，要走出这场危机是艰难的，它需要重塑美国的国家信用和美元信用。从这个角度来说，重塑国家信用是走出滞胀危机的关键。

沃尔克在1982年赢得了胜利，关键是控制货币发行量，根本上是重塑了美元的信用。如果沃尔克在1975年担任美联储主席，采取同样的措施，能否解决滞胀问题？

布雷顿森林体系解体后，各国开始重塑信用货币体系，美元及各国本币走上了艰难的寻锚之路。经过十年的竞争，国际市场还是更加认可美元，因为美元之锚——美国的国家信用（黄金、国债）更加可靠。当时，里根政府的财政官员斯托克曼及蒙代尔都相信，只要美联储提高利率，大量国际资本就会抛弃大宗商品，重新回流美国购入美元资产，出现一种“美好场景”。这就是信用货币时代的竞争逻辑——矮个儿中挑高个儿。同时，不少国家缺乏足够稳定的信用锚，它们倾向于以美元作为抵押资产发行本币。

结合以上两部分，我们看看大疫放水是否会引发通胀，甚至是滞胀。

要避免通胀或滞胀，我们似乎需要两个出色的工程师：一个工程师负责控制地面上的建筑规模，另一个工程师负责建筑基底的规模。当然，人为控制货币大厦本身就是不可靠的。

根据弗里德曼的货币主义，过去几十年，世界一直处于货币超发的通胀之中，主要表现是房地产及金融资产价格泡沫。大疫放水后，人们聚焦于消费价格是否上涨，或市场整体价格是否上涨。消费价格是否上涨取决于两个方面：一是家庭净收入水平；二是房地产及金融资产的价格上涨趋势是否逆转。

在疫情之前，美国经济景气，就业充分。这场疫情像“暴风雪”突然降临，但对美国家庭的资产负债表冲击远不如2008年金融危机。拜登政府刚刚通过了1.9万亿美元财政刺激法案，其中不少给到了美国家庭。在2021年9月之前，年收入低于75000美元的居民都将收到1400美元的支票，失业人士每周可以得到300美元的补贴。这部分货币多数将流向消费市场。

所以，原本家庭资产负债表就相对健康，加上大规模的放水，如果疫苗快速覆盖，美国经济复苏会较快，通胀率也定然会上升。至于通胀率上升多少则难以预测。

美国财政官员和美联储官员对通胀并不那么担忧。现在全球主要央行行长都是凯恩斯的门徒。现任美国财长耶伦曾经是美联储的主席，其博士论文导师就是凯恩斯学派的詹姆斯·托宾。他们嘴上不承认现代货币理论，但其政策依据便是此理论，实施量化宽松和财政赤字货币化。

这些凯恩斯门徒轻视甚至否定弗里德曼的货币数量论，他们更关注的是美元的基石，即国债信用是否出问题。在他们看来，美国债务不发生危机就不会爆发美元危机，也就不会爆发通胀或滞胀。至于弗里德曼所说的通胀（货币超发引发物价上涨），只是小问题，美联储可以通过货币政策调节。

问题是，美国借了这么多钱，不会爆发债务危机吗？是否会遭遇20世纪70年代那种情况——财政赤字和贸易赤字击穿美元的信用？

美国联邦财政赤字从2016年的5850亿美元连年攀升至2019年的9840亿美元，2020年翻倍，总额超过3.1万亿美元。财政赤字率达到了1945年以来的最高水平。至2020年11月末，美国联邦债务总额已高达27.4万亿美元，占GDP比重高达134%。

2020年，美国国债的利息支付负担为3380亿美元。美国国会预算办公室（CBO）估算认为，2021—2025年的政府利息支出将控制在每年2700亿~2900亿美元。

但是，美国财政官员并不担心偿付危机。原因是，美元与美债是相互兜底的关系，也是对冲关系。当经济上升时，美联储紧缩美元，美元走强，美债走弱。当经济萧条时，美联储扩张美元，美元走弱，美债走强。美元和美债都是美国的国家信用，美元强时透支一些给美债（购买国债），美债强时透支一些给美元（财政刺激）。是不是无解？现代货币理论其实是在货币的信用基石上要了小聪明。

拜登政府推行1.9万亿美元刺激法案，市场预期通胀上升，美联储政策收紧，美元走强，美债价格下跌，十年国债收益率上升。有人担心美债崩盘，但是美联储最担心的是经济萧条时美元走弱，而不是经济上升时美债走弱。

不过，虽然美债与美元是对冲资产，但是通胀率与负债率是相互掣肘的关系。通胀率上升，紧缩货币，利率上升，但政府负债率也增加；反过来，利率下降，政府偿债压力下降，但通胀率又会上升。当通货膨胀和政府债务都到达崩塌的边缘，货币政策往左往右都是深渊。

2021年，美国通胀率将有所上升，但通胀率和负债率应该都没有到这个临界点。

中国有没有通胀或滞胀风险？

先看地面上的弗里德曼通胀风险。中国整体的工资水平偏低，货币没有通过工资上涨传递到家庭收入。当前中国家庭的整体净收入和社会保障水平不足以支撑消费价格大幅上涨。另外，过去大量的货币在房地产市场中打转，家庭收入的大部分又投入房地产市场中。未来的货币流向与房地产的金融政策相关。

地面之下的压力主要来自人民币抵押物。美元和美债是人民币的主要信用锚，不过，央行资产负债表显示，过去几年，美元资产大量缩减，对商业银行的债权资产大幅增加。商业银行的债务资产是否可靠？只能说，这部分资产没有经过国际市场的充分定价。

所以，美国的地面压力在通胀率，地下压力在迅速扩张的政府债务；中国的地面压力在房地产泡沫，地下压力在未充分定价的人民币资产。货币信用基石崩溃的风险，不仅仅是滞胀。

参考文献

[1] 布莱恩 · 多米特诺维奇.供给侧革命[M].朱冠东，李炜娇，译.北京：新华出版社，2016.

[2] 保罗 · 沃尔克，克里斯蒂娜 · 哈珀.坚定不移[M].徐忠，译.北京：中信出版集团，2019.

统制货币

在全球大央行的干预大道下，货币调节强化，经济周期弱化。

“一切交给美联储。”市场参与者默不作声，紧密跟踪这个庞然大物的动向。

然而，这是一个悲哀的资产盛世时代。大央行—大财政主义反复为资产价格兜底，却也让自身陷入了两难。

货币之公共契约本质被丢至一旁，无人问津。

全球经济格局：大央行、大财政、大债务

反高利贷历史悠久，东西皆同。

伊斯兰教的《古兰经》禁止有息借贷。基督教的《圣经》主张，兄弟间的借贷不应收取利息。1179年的第三次拉特兰会议正式颁布教会法，规定放贷的天主教徒要被开除教籍。古巴比伦的《汉谟拉比法典》规定，谷物年利息不超过33.3%，白银年利息不超过20%。

中国古代普遍默许有息贷款，但反对高利贷和利滚利。《汉书》记载，诸侯曾因放贷取息过高而受罚。明律规定："凡私放钱债及典当财物每月取利并不得过三分。"

如今中国的法律不保护年利率超过4倍LPR的借贷利息。美国联邦法律不反对高利贷，但一些州对利率上限有控制。

那么，反高利贷是否有可靠的经济学逻辑？利率限制的真实原因是什么？税收、货币及债券三大融资方式如何决定经济命运？

01
高利贷

反高利贷，是否有可靠的经济学依据？

这是一个风险颇高的话题。反高利贷，其实是限制利率。为了减少历史传统及意识形态的桎梏，我们用限制利率替代之。

需要说明的是，笔者不反对也不支持高利率，但反对真正的高利贷。经济学的评价标准是“价值无涉”，对自由市场中的价格及行为不做任何评价，把价格涨跌交给市场，由每一个交易者决定。当然，自由交易并不是放任自流。法与经济学家波斯纳在《法律的经济分析》中指出，契约法约束的是交易行为，但不能管控价格与供给。分析的目的是通过抽象逻辑识别出真正的高利贷——这是我们真正需要反对的。

自由市场学说不支持利率限制，我们再看凯恩斯学说。

凯恩斯主义其实是支持利率干预的。当今头号凯恩斯主义者斯蒂格利茨的信息不对称和逆向选择理论说明利率市场容易失灵，需要政府或央行干预。

比如，在经济危机爆发时，商业银行为了保险起见，紧缩银根，停止放贷，而那些即将破产、不惜承担高息的贷款者纷纷上门求贷；商业银行无法识别风险，即便利率上涨也拒绝贷款。这就违背了价格定律。斯蒂格利茨的解释是，因为信息不对称，市场出现了逆向选择和道德风险，产出和效率都大幅度下降，导致出现流动性陷阱。因此，需要央行介入，给可靠的企业提供贷款，矫正利率，让市场恢复正常。

斯蒂格利茨的信息不对称理论颇具迷惑性，很多经济学家都无法识别其中的逻辑。其实，信息不对称是市场的常态，信息竞争是自由竞争的一部分，信用识别是商业银行竞争的关键。经济危机爆发时，市场信息混乱，信用识别困难，商业银行紧缩银根规避风险，这恰恰是市场显灵了。但是，商业银行不可能永远紧闭大门，市场竞争会迫使银行在风险中努力识别信用，给预期可靠的对象提供贷款。自由竞争会让市场恢复均衡，而不需要政府及央行干预。

经济学不仅不支持利率限制，还认为利率限制会带来效率损失，增加大众融资成本，制造高利贷。

英国古典政治经济学家约翰·斯图亚特·穆勒在《政治经济学原理》“关于以错误理论为基础的政府干预”一章中专门讨论了这个问题。穆勒反对英国之前的《高利剥削法案》，他认为：“该法案使本来按照7% 或者8% 的利息率就可以获得所需资金的商人，有时竟不得不支付20% 或者30% 的利息，否则，他们就必须拍卖他们的货物从而蒙受更大的损失。”

为什么？

根据供需定律，当利率上升，市场供给会增加，价格逐渐下降。如果禁止利率上涨，或维持低利率，借贷供给因无利可图、风险巨大，将大大减少。而供给减少会导致供需紧张，利率反而上涨。

受制于利率高压，放贷者“曲线救国”，变相放贷，方式包括追加抵押物、缴纳保证金、提高手续费、降低借贷金额、追加逾期罚款、扩大分红比例等。

这些方式最终让贷款者付出更高的成本，一些急于用钱的人甚至由于贷不到款而破产。比如，放款人变身为合伙人，以资金及利息入股，扩大了分红比例，这对贷款人不利。又如，银行要求追加抵押物才肯放贷，抑或收取额外费用。再如，贷款无门的人通过特别途径贷款，被收取高额的手续费。

这些“曲线救国”抬高了借贷成本，制造了所谓的高利贷。所以，高利贷的真正含义应该是不必要的“代价”。但是，我们需要反思：到底是自由竞争催生了高利贷，还是反高利贷催生了高利贷？

相反，放开价格管制，更多贷款人可以获得更廉价的资金。德国经济学家马克斯·韦伯及法国经济学家西斯蒙第都认为，摒弃对利息的教义束缚，激活大众借贷市场，是新教国家经济强于天主教国家的重要原因。韦伯在《新教伦理与资本主义精神》中指出，新教改革为利息做出了辩护：“得到商业利润是应该的，利息只是借贷双方共享这些利润的合法形式。”那么，为什么古代教皇、国王都倾向于压低利率？

英国学者伦特在其经典的《1327年前英国与教皇的金融关系》中似乎道出了真因：英国主教不喜欢当地的意大利银行家，因为向他们借钱要收利息。

欧洲国王的征税权偏弱，他们不得不依赖借贷维持王室开销以及支持不多的城邦战争。当时，如何降低融资成本，事关权力的归属及统治者的命运。古代欧洲比中国对高利贷的打击更加严厉，目的是压低融资成本。

教皇、国王打击高利贷的背后站着的是一群特许经营的放贷者。

比如欧洲最早的名门望族美第奇家族。我们知道，这个家族靠银行起家，创始人乔凡尼·迪比奇·德·美第奇“合法”放贷，成为佛罗伦萨的首富。但是，银行家只是美第奇家族的一个身份，他们其实是14—17世纪佛罗伦萨的实际统治者。15世纪，老美第奇的儿子科西莫在佛罗伦萨建立起僭主政治，成为佛罗伦萨的无冕之主。科西莫通过美第奇银行掌管教皇财政，负责为教会融资。这个家族一共诞生了四位教皇以及两位法国王后。

所以，教皇、国王以“天下苍生”之名打击高利贷的背后是对融资成本的盘算。此画风有点像《大秦赋》。笔者将这种融资模式界定为美第奇模式。

美第奇银行制造了“低利贷”，国王、富人等少部分从中获得低于自然利率的廉价融资；同时，它也制造了高利贷，更多的人因此无法获得贷款，或需要付出更大的代价——以那些“曲线救国”的方式——有时这里也隐藏着“默许”经营的高利贷。

所以，限制利率是债务融资的一种廉价手段。穆勒揭示了这一点：“立法者制定并且维护《高利剥削法案》可能出于以下动机：或者考虑到公共政策方面的问题，或者考虑到有关当事人的利益问题。”

02
收割机

《史记》记载，汉景帝三年，“七国之乱”爆发，受命平叛的列侯封君缺军费，不得不向商人借钱。但商人以关东成败未决为由，皆不肯放贷。这时，一位叫无盐氏的商人愿意出千金借贷，但要求十倍利息。三个月后，叛乱平定，无盐氏豪赌成功，成为关中巨富。

此后，中国历代皇帝都没吃过高利贷的“亏”。皇帝凭借文治武功，掌控征税权和铸币权，从而财源滚滚、王库充盈，根本不需要商人为其提供融资。

融资方式是透视经济问题的重要脉络，我们沿着这个思路继续探讨。上一部分引出了债券融资，到这里扩大到三大融资方式：税收、货币及债券。不管是东方还是西方，古代国王都通过这三大收割机强化统治权。而如何使用这三项工具，决定了这个国家的命运。

在农耕时代，华夏土地富庶，农业产值较高，中国皇帝倾向于掌控征税权。税收可维持一支常规职业军队以及文官体系，从而稳定王权。欧洲国王的征税权受制于大小领主，国王融资依赖贵族、商人、银行及债券市场。在混乱的意大利战争中，各大领主不得不向小领主、城镇商人举债，从而催生了共同债券市场。

古代货币多数为金属货币，货币扩张受到硬约束。同时，农耕经济多为非货币经济，缴纳税收以粮计算，扩张货币的效果受限。所以，国王使用铸币权融资的成本、风险要大于征税权。

日本东京大学教授黑田明伸在《货币制度的世界史》中揭示，古代欧洲的统治者要比中国更频繁地削减金银含量以获取铸币税。原因是王室权威是中国帝王大一统的统治根基，维持统一货币及币值比滥发货币更有利。欧洲货币则混乱不堪，劣币驱逐良币，国王及领主倾向于滥发货币为频繁的战争融资。

到了16世纪，意大利战争爆发，欧洲几乎所有的大城邦、大领主、大公国都卷入其中。不同的融资手段，决定了这些城邦国家的命运。

美国经济学家道格拉斯·诺斯在《西方世界的兴起》中从财政

制度的角度透视城邦国家在这一关键时刻的演进。

西班牙鼎盛一时，王室财力强大，财源来自国际贸易的出口创汇及新大陆殖民地的税收。为了扩大出口创汇，国王赋予羊主团特权，允许他们的羊随意去吃农民的庄稼。财政赤字爆发后，王室多次借钱不还，导致福格家族灭亡，王室信用崩盘。西班牙王室没有建立一套有效的产权保护制度，采取的是重商主义政策及掠夺性制度。需要注意的是，西班牙的出口创汇政策，是一种滥发货币的融资手段，笔者称之为“西班牙模式”。最终，这个国家在“价格革命”中迅速衰落。

法国与西班牙类似，王室的征税权大，只是法王的税源更像东方国家，来自富庶的农业。早在15世纪，法王就夺取了三级会议的新税征收权。法王直接向农民征税，向商人借钱，借钱又不还，粗暴侵占私产，最终引爆了法国大革命。

尼德兰、英国则不同，王室或执政官征税权受限，他们只能改革制度，颁布《高利剥削法案》等，发展自由贸易，做大税基，增加税收；发展资本市场，降低融资成本。

比如，1537年尼德兰出台法律承认票据转让有效。在此基础上，还催生了现代银行。到了17世纪，尼德兰摆脱了西班牙的统治，放开利率管制，从而形成了一个低利率的资本市场。利率水平从1500年的20%~30%降低到1550年的9%~12%，到了17世纪甚至下降到3%以下。尼德兰缔造了世界上第一个现代金融市场。

所以，真正要做的不是限制利率，而是改善信用体系，严格监管银行信贷，做大金融市场，从而获得更多有效率的融资。

最后看美国。美国独立初期，因战争债台高筑，联邦政府几近破产，要命的是征税权还被各州剥夺。第一任财长汉密尔顿为了挽救联邦信用，接过了各州的战争债务，换取了部分征税权。当联邦对威士忌酒征收消费税时，西部边境地区农民以暴乱抗税。汉密尔顿不得不继续发行国债，借新还旧。但寅吃卯粮，联邦信用迟早要崩溃。这该怎么办？

此前的1785年和1787年，国会通过两部土地法令，规定新增的土地归属联邦政府，出售公共土地所得只能用于偿还债务。

于是，联邦政府开启土地“征伐”。美国以大约每英亩[①]3美分的价格从法国手上买下路易斯安那，然后以1.64~2美元不等的价格出售。同时，美国从西班牙手上夺得佛罗里达，强迫英国签约，将领土控制延伸至大西洋沿岸；在美墨战争后购买了墨西哥95万平方英里[②]的土地，将国界线延伸至太平洋东岸，控制了加利福尼亚金矿。

到了1837年，联邦政府在土地财政的帮助下，终于还清了所有的债务，而且国库中还有大量的盈余。土地出售收入占联邦政府收入比重最高年份达到48%。美国的版图延伸到了太平洋东岸。到1853年，美国国土面积达303万平方英里，比宣布独立时增加了7倍多。

源源不断的土地财政支撑了国债信用，最终挽救了联邦政府，扩大了美国的版图。美国金融也因此被注入了债券的历史基因，笔者称之为“土地财政模式”。

但是，土地财政引发了1837年金融大恐慌。这场恐慌迫使美国抛弃了土地财政模式，国会收回了卖地收入分配权。南北战

① 英亩，英美制面积单位，1英亩=4046.86平方米。

② 英里，英制长度单位，1平方英里≈2589998.11平方米。

争期间，美国实现了土地私有化，破除了土地财政的根基。战争后，美国工业持续增长，工业的税收增量替代土地收入支撑了国债信用。

所以，政府的融资制度决定了国家的前途。

什么样的融资制度才是有效率的？

诺斯概括为“有效率的经济组织（制度）能够使个人的经济努力的私人收益率接近社会收益率”。可以解释为，创造增量的融资制度，与社会发展同频共振；吃垄断租金的融资制度，与社会发展背道而驰。

税收、货币、债券三大融资方式，可创造增量，也可创造垄断租金。

征税权具有垄断性质，关键问题是谁掌控这项权力。国王一旦掌控征税权，王的利益与国家前途必然相背而行。这类君主最大的仁慈就是“放水养鱼”。

铸币税就是货币租金，即通过通胀掠夺民众财富。在农耕时代，国王掌控着铸币权，通过削减金属含量、以次充好的方式收取铸币税。

教皇、国王打击高利贷，使用债市垄断权（特许经营）压低融资成本。他们吃的正是债券的垄断租金。

进入现代社会，这三大租金增加了，还是减少了？

03
大公地

现代国家的征税权被关进了笼子里，解决税收租金问题。执政者的努力与劳苦大众首次汇合，形成一股强大的时代洪流。英国有小政府的基础，托利党人信奉斯密学说，废除《谷物法》《航海条例》，开启了工业化及全球化时代。

但是，征税之手被捆住后，执政者开始转向使用铸币税。

这需要从央行的起源说起。工业时代早期，各国均没有中央银行，没有法定货币。那么，是谁供应货币？

当时的货币，主要是银行券。客户将金银寄存到私人银行，私人银行给对方相应数额的银行券。客户可以与愿意接收这种银行券的对象进行交易。所以，客户银行券是金本位货币，相当于金银的证券化凭证。

工业时代早期，货币是由大小私人银行发行的各类银行券。比如英格兰银行，最初就是一家由苏格兰人威廉·彼得森于1694年成立的私人银行。这家私人银行拥有发币权，发行了自己的银行券，而具备同样资格的私人银行在当时有好几百家。

不过，英国政府特许成立这家私人银行的目的，主要是为其筹措战争经费。150年后，即1844年，英国首相皮尔推行了《皮尔条例》，英格兰银行从此走上央行之路。

《皮尔条例》的推行是货币史上的一个标志性事件。这个条例规定，不再增加私人发币银行，现存银行的货币发行额度受到限制。当时，英格兰一共有279家拥有发币权的私人银行，若银行倒闭则发行额度自然失效，其额度转移到英格兰银行。

这是货币国家化的关键一步。英国政府确认了英格兰银行的央行职能，即负责发币、管理国债、保管黄金外汇等；同时，也确认了英格兰银行券的法偿性，催生了现代法定货币。

当然，这时的英格兰银行还是一家私人银行。即便垄断了发行权，英格兰银行也不能为所欲为，它必须严格恪守金本位的发行纪律：

一是必须以黄金、英镑证券为抵押发行货币。《皮尔条例》规定：英格兰发行部可以用持有的1400万英镑证券以及贵金属作为发行准备，发行等额银行券。

二是刚性兑付。《皮尔条例》规定：任何人都可以按3英镑17先令9便士兑换1盎司[①]黄金的比价向发行部兑换黄金。

即便如此，被限制的私人银行也不满，英国哲学家赫伯特·斯宾塞对英格兰的货币垄断提出质疑。为了平衡利益，英国政府向私人银行许诺，若私人银行遭遇挤兑危机，英格兰银行会为它们提供紧急贷款。

英国经济学家沃尔特·白芝浩是《皮尔条例》的支持者，他在《伦巴第街》中将这一许诺概括为"最后贷款人"原则："在金融危机时，银行应当慷慨放贷，但只放给经营稳健、拥有优质抵押品的公司，而且要以足够高的、能吓走非急用钱者的利率来放贷。"

至此，"金本位发行纪律+最后贷款人原则"成为全球各国央行的标准版本。

美国一直排斥大央行，央行两立两废。自第二银行被迫关闭

---

① 盎司：此处指重量单位，1盎司=28.350克。

后，美国联邦及州立银行遍地开花，银行券繁多，鱼龙混杂。结果出现了五次严重的银行挤兑危机。1907年的危机直接导致了美联储的诞生。

美国参议员、老摩根的朋友尼尔森·奥尔德里奇起草了一份组建中央银行的提案，目的是在危机时刻拯救商业银行。1913年，国会通过了《联邦储备法案》，美联储宣告成立。美联储内部利益交错，相互制衡。从股权上看是私人机构，遵行“最后贷款人”原则；从决策权上看是公共机构，遵行金本位发行纪律。

金本位的发行纪律确实制约了央行为所欲为，但是当时的人们忽略了一点：铸币权正在推动政府、央行、商业银行“三江汇流”。这三股力量试图打破硬约束，制造一个巨大、稳定的“基本盘”：央行为商业银行兜底，商业银行为政府融资，政府为央行提供信用保障。

美联储成立的第二年，“一战”爆发，英法将黄金标准托付给美联储。后者小试牛刀，迫使黄金贬值，引发了第一次黄金信任危机。接着就是大萧条，小罗斯福总统直接宣布美元与黄金脱钩。再后来是“二战”，金本位的发行纪律被战争打得体无完肤。

“二战”后，民族主义、国家主义崛起，丘吉尔连任失利，艾德礼工党政府上台。工党是英国左派政党，以费边主义为执政纲领。费边主义主张以民主选举夺取政权，进而掌控煤电、水利、铁路等所有权；对富人征收高额税收，给工人、农民及低收入家庭发放大福利。这种融资方式叫“费边模式”。

所以，工党政府一上台就把英格兰银行收归国有，英格兰银行彻底成为“发行的银行、银行的银行、政府的银行”。手握铸币权的工党政府，在1948年宣布将英国建成福利国家。

如此，政府、央行、商业银行，加上福利主义者，四股势力正式汇流。剩下唯一的障碍就是金本位的发行纪律。

1971年，布雷顿森林体系崩溃，信用货币时代降临，机会来了。

只是这个机会还是晚了20多年到来。为什么？70年代欧美经济滞胀，保守主义崛起，美国里根、英国撒切尔夫人上台，美联储主席保罗·沃尔克捍卫了铸币权的独立性。

但是，好景不长。信用货币时代的铸币税，一直被这四股势力惦记着。1987年，艾伦·格林斯潘接替沃尔克执掌美联储，机会真的来了。老布什连任失败后，民主党的克林顿上台，引进了第五股势力——投资银行。浮动汇率刺激投资银行迅速崛起，大量资金流向证券、债券、信托及衍生品市场，江河日下的商业银行渴望分得一杯羹。根据《联邦储备法》第13条第3款，不只是投资银行，“任何个人、合伙企业或机构发放贷款”，都受“最后贷款人”原则的保护。

如此，政府、央行、商业银行、投资银行及福利主义者“五江汇流”，不放水都难。1999年，克林顿和格林斯潘推动出台了《金融服务现代化法案》，美国正式进入金融混业时代。该法案通过，意味着投资银行正式入局，与商业银行一道享受“大而不倒”的待遇。

到这里，我们发现如今的融资制度已经催生了一个庞大的“基本盘”——税收、货币、债券相互关联的“大公地”。

在2008年金融危机之前，美国国债主要是以税收为支撑，奉行周期性平衡财政。但是，危机过后，“国库通银库，银库又通钱库”，大财政、大央行、大债务携手登场。

这是一种高度系统化的垄断租金制度。美元与美债相互兜底，联邦政府与美联储互相融资。美联储直接购买国债为联邦政府融资，联邦政府为美联储发行美元提供国债抵押。央行持续压低利率，让政府及金融机构吃债券租金、货币租金。现代货币理论支持者彻底“摊牌了”，他们认为，只要利率、物价顶得住，就可以无限发币为政府融资，而税收是启动货币的工具。

这种由税收、货币与债券构成的“大财政—大央行—大债务”租金盘，犹如一艘公共化的诺亚方舟，喂养了一大批吃租者。央行及法定货币制度、“最后贷款人”原则、公开市场操作、债券抵押物、福利政策等将他们的利益高度捆绑。

这就是当今世界的金融格局（租金模式）。现在人们讨论金融分业好还是混业好。笔者认为，这艘船小的时候是分业，加入的人越来越多就变成了混业。这艘船越大，看似越稳定，其实越危险。

当然，这个世界并不只有这一种融资制度。毕竟其他国家的货币不是“世界货币”，货币扩张受国际市场的约束。但是，一些国家采取了自己特殊的融资制度。在非开放经济体中，存在美第奇模式、西班牙模式与土地财政模式，还有费边模式。

参考文献

[1] 理查德 · 波斯纳.法律的经济分析[M].蒋兆康，译.北京：法律出版社，2012.

[2] 约瑟夫 · 斯蒂格利茨.信息经济学[M].北京：中国金融出版社，2009.

[3] 约翰 · 斯图亚特 · 穆勒. 政治经济学原理[M]. 金镝，金熠，译.北京：华夏出版社，2009.

[4] 马克斯 · 韦伯.新教伦理与资本主义精神[M].康乐，简惠美，译.上海：生活 · 读书 · 新知三联书店，2019.

[5] 威廉 · N.戈兹曼.价值起源[M].王宇，王文玉，译.沈阳：万卷出版社公司，2010.

[6] 黑田明伸.货币制度的世界史[M].何平，译.北京：中国人民大学出版社，2007.

[7] 道格拉斯 · 诺斯.西方世界的兴起[M].厉以平，蔡磊，译.北京：华夏出版社，2009.

[8] 丹 · 科纳汉. 英格兰银行[M].王立鹏，译.北京：中国友谊出版公司，2015.

[9] 沃尔特 · 白芝浩.伦巴第街[M].刘璐，韩浩，译.北京：商务印书馆，2017.

全球经济通往货币计划之路

2020年9月23日，在众议院听证会上，有议员质疑美联储主席鲍威尔：美联储的救市行动是在拯救华尔街，还是普罗大众？

鲍威尔解释说，“我们的行动绝不是旨在减轻华尔街的痛苦”，“我们基本上已经做了所有我们能想到的事情”。鲍威尔还指出，大众贷款计划起步缓慢，中小企业很少采用。

这或许是当今世界经济大割裂的一个缩影：“实体经济通缩，资本市场通胀。”美国拯救股市，中国稳住楼市，而两国实体经济及消费皆不振。

全球经济正在走向央行计划之路。本节将通过分析货币理论及银行体系探索经济割裂的原因及解决方案。

01

重复救市风险　金融与实体经济之割裂

“实体经济通缩，资本市场通胀”的论断，可以用消费和房地产价格两个指标来证明。

消费增速下滑代表实体经济通缩。

我国社会消费品零售总额当月实际同比增速从2015年初的11%持续下滑到2019年底的4.5%，2020年的情况更加糟糕，消费级别不升反降。

拼多多活跃买家数连续五个季度增速在40%左右。2019年末活跃买家为5.85亿人，到了2020年第二季度末涨到6.83亿人，增加了接近1亿人。①

房地产价格代表资本市场通胀。

根据中国房地产指数系统的调查数据，2020年8月，百城新建住宅平均价格为15605元/平方米，环比上涨0.50%，百城中有89个上涨；同比上涨3.34%，百城中有78个上涨。

2020年的房价不降反涨，延续了过去多年的态势。

如何解释这种截然相反的现象？

这种现象属于“坎蒂隆效应”。爱尔兰经济学家、金融家坎蒂隆最早在《商业性质概论》中指出，货币介入的方式不同，以及不同的人持有货币，对价格以及经济增长的影响是不同的。

在如今的宏观经济中，关键看“多余”的货币流向哪里。

2020年8月末，广义货币（M2）余额213.68万亿元，同比增长10.4%；狭义货币（M1）余额60.13万亿元，同比增长8%。增速预计均高于同期GDP增速。

8月人民币贷款增加1.28万亿元，同比多增694亿元。其中，住户部门贷款增加8415亿元，占65.74%；住户中长期贷款增加5571亿元。这说明新增信贷的大头在住户部门，而住户部门的贷款

---

① 李奇霖：《分级的消费》，宏观分析笔记，2020年9月21日。

多用于中长期的住房贷款。

再看存款数据。8月人民币存款增加1.94万亿元，同比多增1317亿元。存款新增超贷款新增6600亿元。这说明很多贷款并未真正流入市场，而是返存入银行系统。但是，住户存款新增只有3973亿元。这说明住户部门的贷款一半以上都流入了市场，其中多数流入了房地产市场。

有些人想当然地认为，“多余”的货币，如果能流入实体经济，尤其是技术研发中，比如补贴新能源汽车、芯片企业，可以解决“卡脖子”的问题。这种观点，笔者称之为“技术凯恩斯主义”。但是，货币流向的现实告诉我们，“技术凯恩斯主义”是理想主义。

为什么？

一是消费不振，实体通缩，投资收益率持续下降，再继续投资实体会引发产能过剩，增加投资风险，资本自然不会流向实体。

二是技术创新周期存在S形曲线规律，核心技术研发初期的投入巨大，收效甚微，不确定性高，资本自然不会“以身犯险”投资核心技术。

三是在经济衰退周期，资本趋利避害，偏好周期短、流动性好的投资，比如股票、房地产，因此美股、中房成了“多余”货币的热土。

货币当局可以让货币流向坏的地方，但是无法支配其流向好的地方。因为个体资本对利润的敏感、对风险的识别，要高于货币当局。最重要的是，“多余”的货币本身就是问题。

如果不存在“多余”的货币，资本会根据边际利润及风险的变化，在资本市场与实体经济中平滑流动。这是由投资的无差异曲线决定的。通常，资本市场与实体经济之间的边际收益率及风险程度，此消彼长，动态平衡。比如，当房价、股价下跌，资本会纷纷逃离，转战有投资潜力的实体领域，资本市场出清。

根据熊彼特创新周期，如果没有“多余”的货币，企业家无泡沫可逐，机会主义动机会降低，被迫在萧条时期加大技术投入以寻求突破。

但是，“多余”的货币破坏了这一流动规律。货币当局救市，多余货币强行注入房地产和金融市场，阻止了资本市场出清，资本又重返“案发现场”。多次救市会改变市场预期，资本在危机时期等待援军，像美股一样V形反弹，收复失地。同时，吸引更多实体资本闯入金融市场，从而加剧实体通缩，阻碍技术创新。正如大疫之年热钱竞逐深圳豪宅，争抢新房。再如，从2010年到2019年，美国企业回购股票的规模达到6万亿美元。

这相当于奖励了做出错误决策的投资者、投机者及金融界，惩罚了原本做出正确决策的企业家、创新者及实业界。

更要命的是，“多余”的货币还破坏了正常的财富分配，进一步扭曲了自由市场。货币增发相当于掠夺穷人的财富。坎蒂隆最早洞察到这一点，他在《商业性质概论》中指出，最先拿到货币的人推高了价格，对不持有货币的人构成财富掠夺。凯恩斯在其早期的《货币论》中也指出，通胀会引起财富重新分配，而使一些阶级得益，另一些阶级受损。

弗里德曼对通胀的理解是准确的，通胀是一种货币现象。更多的货币追逐更少的资产便是通胀，反之则通缩。持续向资本市场注入“多余”的货币，会扰乱市场预期，打击技术创新，扩大贫富差距，最终割裂自由市场：资本市场泡沫愈演愈烈，实体经济通缩恶性循环。

通胀是虎，增发货币导致骑虎难下。如果不救市，房地产、金融市场出清时挤出的大量资本涌入实体，容易引发通货膨胀；如果持续救市，“多余”的货币继续放大资本市场风险，债务风险越来越大。

如今的世界经济，正在通往央行的计划之路。

02
重返“案发现场”　哈耶克与凯恩斯之争论

可以看出，问题的关键在“多余”的货币。可是，如何判断货币是多还是少？

根据费雪方程式，假设货币流速和商品的交易数量是长期稳定的，那么货币数量决定了商品的价格。弗里德曼继承了这一主张，提出通过控制货币数量来控制通胀。问题是，在投资银行时代，货币流速并不是稳定的，货币数量也就很难确定。蒙代尔在芝加哥大学时向弗里德曼提出过这个问题。蒙代尔主张用价格工具即利率来解决问题。

实际上，没有人能够明确知道自由市场中需要的货币数量。弗里德曼这一思维本质上也是计划思维。自由市场需要多少货币，只有自由市场本身才知道，也就是只有商业银行才知道。商业银行如何确定货币供应量？

答案是利率。

最早揭晓这一答案的是瑞典经济学家克努特·维克塞尔。维克塞尔在1898年出版的《利息与价格》一书中区分了货币利率和自然利率。货币利率是指市场利率，自然利率是总需求等于总供给时的利率。根据维克塞尔的理论，当货币利率等于自然利率时，银行供应的货币数量是最优的。这样，货币数量的问题就解决了。

这一理论是凯恩斯宏观经济理论和哈耶克商业周期理论的源头。但是，二者的主张却截然相反。哈耶克与凯恩斯当年的论战，也是从维克塞尔的理论开始的。

我们回到"案发现场"，看能否找到一些答案。

米塞斯在1912年写过一本书叫《货币与信用理论》，用利率波动解释商业周期。后来，米塞斯创建了商业周期研究所，并由哈耶克来领导。哈耶克走马上任后，受伦敦经济学院的罗宾斯邀请，赴英国与声望正隆的凯恩斯论战。

1928年，伦敦经济学院与剑桥大学在伦敦举办了一场会议，哈耶克与凯恩斯"狭路相逢"。经济学历史上影响深远的拉锯论战开始了。哈耶克回忆说："我们两人之间的第一次理论冲突的主题是利率变化的有效性。"

为什么聚焦于利率？

1924年，是凯恩斯学术思想转变的关键一年。他在牛津大学发表了《自由放任的终结》的演讲，与他的老师马歇尔及传统经济学彻底决裂。凯恩斯认为，英格兰央行过高的利率导致了英国经济萧条，呼吁降低利率，发行政府债券，拿出1亿英镑用于公共住房、兴建道路、改善电路。

这一年也是哈耶克学术思想快速转变的一年。他获得一笔资助资金赴美国考察。与英国的萧条相比，美国经济可谓相当繁荣。不过，哈耶克并不看好美国经济的这种繁荣。他认为，美国经济的繁荣是由宽松信贷创造的，是不可持续的。

哈耶克和凯恩斯都将问题聚焦到了利率上。二人的结论相反，但理论源头是一样的。

维克塞尔曾经听过门格尔的课，与奥地利经济学派渊源颇深。哈耶克对维克塞尔的理论烂熟于胸，他借助维克塞尔的利率理论来解释商业周期。

在与凯恩斯论战期间，他写了一本书——《价格与生产》，指出自然利率和货币利率的差额造成了商业周期。当货币利率等于自然利率时，市场处于均衡状态；当货币利率小于自然利率时，投资大于储蓄，经济出现通胀；当货币利率大于自然利率时，投资小于储蓄，经济出现通缩。问题是央行没有办法让货币利率与自然利率保持在同一水平。因此，哈耶克的结论是，央行对利率的干预是经济萧条的根源。

但是，凯恩斯认为"事在人为"。当投资与储蓄不均衡时，央行可以通过调节利率使自然利率与货币利率保持一致。凯恩斯认为，"一战"后的英镑已无法维持战前水平。英格兰央行应该下调利率，让英镑对美元贬值，如果汇率下降到1英镑兑换3.6美元的水平，英国的失业率就能下降到6%～7%。

凯恩斯对政府能力的信任，可能很大程度上来源于他在英国财政部的工作经历。"一战"期间，他作为财政部代表前往美国商谈战争贷款。凯恩斯看到了政府在战争时的掌控力和决定性作用。

这时的凯恩斯尚未发表《就业、利息和货币通论》(以下简称《通论》)，他的理论体系不如哈耶克完善。哈耶克的商业周期理论很明确地指出，如果没有央行干预，商业银行会保持货币利率与自然利率一致，从而避免经济危机。因为自由市场的声誉机制会起作用，银行为了保护自己的声誉资产会努力降低风险，避免信用过度扩张，从而抑制货币滥发。

再看如今的世界经济，当我们把问题聚焦到利率上，答案自然浮现。从1983年开始，美联储的联邦基金利率持续下降，如今降到零附近。联邦基金利率是美国银行同业拆借市场的利率。美联储通过调整联邦基金利率，改变美国银行间的同业拆借成本，从而间接控制市场利率水平。日本央行、欧洲央行最近几十年的利率走势与美联储类似。从中明显可以看出，货币当局控制下的市场利率已与自然利率背离，从而导致经济低迷。

如何可以看得出背离？

2008年金融危机时和2020年股灾时，美联储都跳过了商业银行直接采用公开市场操作的手段向金融市场注资。为什么？因为商业银行在危机来临时都紧缩银根。换言之，即便美联储将利率降到零，商业银行依然“宁死不屈”。这是自由市场在显灵，美联储只能亲自动手。

人们没有想到的是，好不容易将政府的征税权关进了笼子，又冒出了一只掌控铸币权的“猛虎”。从20世纪70年代开始，这只“猛虎”不断突破货币发行纪律，成为信用货币时代的“利维坦”。

1977年，哈耶克在接受《理性》杂志采访时说：“弗里德曼的货币主义与凯恩斯主义的共同点，要多于我与他们两派的共同点。”

03
重塑银行体系　央行与商业银行之分权

奥地利学派最早意识到是商业银行派生货币，并引发了经济波动。当今世界多数货币都是由商业银行派生的，而不是央行直接发行的（理解问题的入口）。

米塞斯、哈耶克的商业周期理论更为根本地把握了经济危机的根源问题。米塞斯主张金本位和百分之百的准备金。哈耶克反对中央银行，主张自由银行制度，让货币供应与利率由自由市场支配。他晚年在《货币非国家化》中提出货币发行机构私有化、市场化。

但是，他们的观点与历史并不相符。

自从第二银行被迫关闭后，美国经历了长达70多年的银行“裸奔时代”。结果，放任自流的金融市场出现了五次严重的银行挤兑危机。在1893年银行危机中，美国超过500家银行倒闭。1907年危机再次爆发，当时纽约第三大信托投资公司可尼克波克破产，金融界人人自危，银行间关闭了拆借通道，引发了挤兑危机。

在危机时刻，老摩根力挽狂澜，召集了华尔街大佬，向市场注入重金，稳住了局势。这次危机直接导致了美联储的诞生，让人们看到了人为救市的可能性。危机过后，美国参议员、老摩根的朋友尼尔森·奥尔德里奇起草了一份提案，希望组建一个中央银行，在紧急时刻向银行提供贷款，以稳定金融市场。1913年，国会通过了《联邦储备法案》，美联储宣告成立。此后，美国银行频频破产的局面大有改观。

问题来了，中央银行到底是诱发了危机，还是稳定了金融市场?

可以看出，美联储组建的初衷是拯救私人银行，这一做法是在效仿英格兰银行。《经济学人》传奇总编白芝浩最早在《伦巴第街》一书中提出，金融危机时，银行应给经营稳健、拥有优质抵押品的公司，以足够高的利率发放紧急贷款。这就是“最后贷款人”原则，也被称为“白芝浩原则”。

如今，世界各主要国家央行都实行“最后贷款人”原则。2008年伯南克领导美联储救市时，也搬出这一原则为自己“脱罪”。

但是，“最后贷款人”原则可能会引发道德风险，鼓励被兜底的私人银行大胆冒险，最后形成大而不倒之势。最近，在国会上，有议员质问美联储主席鲍威尔：美联储到底是在拯救华尔街还是普罗大众?

到底要不要央行？央行该如何改革?

只有重塑货币理论，才能重构货币体系。

在米塞斯所主张的金本位制度下，货币扩张能力受限，货币作为权力中央的危害性没有那么大。但是，在信用货币时代，货币当局完全替代甚至超越了政府的干预之手。

哈耶克的做法是彻底地“放虎归山”，废除央行，让私人银行发行货币。但是，货币具有明显的网络效应（外部性），自由竞争的结果是呈现一家独大的垄断局面。正如在全球货币市场上各国法定货币自由竞争，但因外部性，美元独领风骚。最重要的是，美国自由金融时代证明，如果缺少央行监管，私人银行竞相角逐容易引发金融危机。

要不要央行的根本问题是，货币是公共用品还是私人用品。

货币作为自由市场的共同契约，具有一定的公共用品特点，因此需要央行；但是如果央行的铸币权沦为公共用品，就很容易引发“公地悲剧”，人人“搭便车”。

所以，货币不能是彻底的公共用品，也不能是彻底的私人用品。央行不能彻底废除，也不能集大权于一身。

要解决非此即彼的问题，需要引入新制度经济学的理论。新制度经济学的核心理论是交易费用，科斯发现了交易费用，而奥利弗 · 威廉姆森是该理论的集大成者。

威廉姆森在20世纪70年代撰写了《交易成本经济学》一书。他形象地将“交易费用”比喻为物理学中的摩擦力。这个摩擦力是怎么来的？他认为源于人类两大天性：一是有限理性；二是机会主义行为倾向。

人的有限理性是指人的知识、预见能力等是有限的。机会主义行为倾向是指交易者有可能背信弃义、实施合同欺诈、逃避责任、寻租、钻空子、敲竹杠等，并从中牟取最大利益。

基于这两大天性，人们需要确立合约与制度。合约履行、制度监督则产生了交易费用。

回到央行这个问题，货币的发行、流通，需要规则，即货币制度；需要监管，即央行或货币管理部门。

美国在自由金融时代过度相信自由市场的声誉机制和惩罚机制，忽略了交易费用，导致机会主义行为疯狂，盲目投机主义泛滥，诱发多次银行倒闭潮。

因为交易费用的存在，自由市场的声誉机制和惩罚机制无法达成帕累托最优。只有建立有效的制度，促使私人边际成本等于社会边际成本，自由市场才能达到最优效率。

因此，央行存在是有必要的，其基本职责是确定货币制度和监管货币发行。货币制度是公共用品，央行是公共机构。

但是，铸币权应该交给央行还是自由市场（商业银行）？

我们继续看威廉姆森的理论。威廉姆森认为，除了以上两个人为因素外，还有三种特征会产生交易费用，分别是资产的专用性、不确定性的程度和交易的频率。比如大众消费品，资产专用性和不确定性低，适合自由市场。又如城市水电，是高度专用性资产，且企业内部缺乏经济效率，适合政府组织。

那么，货币属于哪一类资产？应由哪类组织掌控？

现代银行体系将中央银行和商业银行分离，前者属于公共机构，后者属于自由市场。货币业务更符合威廉姆森所描述的中间状态，即自由市场与公共机构内部化合作。

具体来说：央行是公共机构，负责确立货币制度，掌控货币发行规则，监管商业银行。商业银行是私人机构，负责存款、贷款、汇兑、储蓄等业务。货币制度是公共用品，但货币是私人用品。

可以看出，货币发行的规则制定权和监管权在央行手中，但货币的发行权，包括供应规模和利率，掌握在商业银行手中。银行业务是交易费用和交易风险极高的业务，央行需要设立严格的规则监管商业银行。

较接近这一模式的是中国香港的银行系统。香港金融管理局扮演了监管角色，它不负责发行货币，但确定货币发行规则。

香港金融管理局采用百分之百外汇准备金发行机制。汇丰、渣打、中国银行（香港）三家商业银行向金融管理局缴纳一定数额的美元，换取等值的港元“负债证明书”后，才能增发港元现钞。

当然，金管局也会采用公开市场操作的手段干预市场，但目的并非控制汇率或货币发行量，而是确保汇率固定在7.80港元兑 1美元上。

可见，香港的银行体系将货币供应数量及利率交给了自由市场，由三家相互竞争的商业银行来决定。这是公共机构与自由市场力量的有效结合。自1983年以来，这一制度执行得非常成功，确保了香港金融市场的稳定。

货币发行权回归自由市场，商业银行可以比央行更合理地配置货币，更好地掌控货币供应量，让市场利率与自然利率保持一致，这样才能保证哈耶克所界定的真实储蓄。只有真实的储蓄，而非超发的货币，拿来投资才可能创造真正的财富。

最后，基于威廉姆森所说的人类天性中的有限理性和机会主义行为倾向，以及交易特征，央行需要严格监管商业银行。

重塑全球银行体系，经济才能重返繁荣之路。

参考文献

[1] 理查德 · 坎蒂隆.商业性质概论[M].余永定，译.北京：商务印书馆，1997.
[2] 理查德 · 福斯特.创新：进攻者的优势[M].王宇锋，译.北京：中信出版社，2008.
[3] 约翰 · 梅纳德 · 凯恩斯.货币论[M].何瑞英，译.北京：商务印书馆，1986.
[4] 克努特 · 维克塞尔.利息与价格[M].蔡受百，译.北京：商务印书馆，1997.
[5] 哈耶克.价格与生产[R]. 许大川，译.台北：台湾银行经济研究室，1966.
[6] 尼古拉斯 · 韦普肖特. 凯恩斯大战哈耶克[M].闾佳，译.北京：机械工业出版社，2013.
[7] 哈耶克.知识分子为什么反对市场[M].秋风，译.长春：吉林人民出版社，2003.
[8] 哈耶克.货币的非国家化[M].姚中秋，译.海口：海南出版社，2019.
[9] 奥利弗 · 威廉姆森.交易成本经济学[M].李自杰，蔡铭，译.北京：人民出版社，2008.

自由货币

货币，从商品到贵金属，再到信用货币，仍未脱离主权货币的范畴。

经济学家曾畅想过自由货币时代。现如今，许多人都在抱怨美元霸权，一些极客创造了数字货币。

从经济学的逻辑来看，数字货币是否可行？我们应该如何理解它？

美元、比特币与数字货币

Facebook发布Libra稳定币，比特币一路狂飙破万（美元），数字货币重回大众视野。

这次Facebook这位浓眉大眼的“正统”玩家参与，背后还带着维萨（Visa）、贝宝（PayPal）、优步（Uber）、安德森·霍洛维茨基金（Andreessen Horowitz）等重量级玩票者，再加上这两年卷入“政治旋涡”的扎克伯格，争议与非议自然少不了。

大致有以下几种论调：

第一，数字货币战争论（扎克伯格野心论）。

Facebook发行数字货币，挑战美元霸权，终结法定货币统治，彰显扎克伯格的政治野心，展现区块链及数字货币的未来统治力。此论多见于加密货币追随者、去中心化信仰者以及“密码朋克”主义者。

第二，美元阴谋论。

美国意图以Libra无国界货币及银行体系，击溃他国法定货币体系、外汇及金融市场，促使他国资本外流，掌控数字时代的货币霸权。此论多见于反美元霸权者以及阴谋论拥护者。

第三，数字货币欺诈论。

比特币、数字货币以及Libra没有价值，皆为泡沫、骗局，是聪明的人向相信的人收取的智商税；只有国家才能够发行货币，货币的非国家化走不通。此论支持者众，包括比尔·盖茨等传统技术势力、巴菲特等传统金融势力、罗伯特·希勒等传统学术势力、金融监管者、数字货币受害者、劳动价值论者以及普罗大众。

第四，中立观察论以及尝试论。

这是一种相对开放的态度：不排斥新技术，分布式、区块链值得关注，若技术成熟有应用空间；不反对新货币及新金融体系，认为当前国际货币体系存在问题，新货币或可作为解决方案之一；从数字货币到数字央行，再到数字金融，无国界的货币及金融体系值得试错。此论多见于新技术支持者、理性主义者以及部分吃瓜群众。

可见，此事争议甚大，不可小觑，并非三言两语能够定论。其主要原因是信息技术（分布式计算、加密技术）、货币及金融体系复杂而精深，经济学家不懂技术，工程师难懂货币，二者长期隔离、不易相通。

01

货币的非国家化 私人到底能否发行货币？

Facebook加密货币Libra白皮书开篇便霸气侧漏："Libra的使命是建立一套简单的、无国界的货币和为数十亿人服务的金融基础设施。"

扎克伯格的野心是发行一个无国界的超主权数字货币，重构全球金融基础设施。反过来，Facebook加密货币Libra实际上是在挑战传统法定货币及金融体系的权威。

2009年1月3日，比特币网络第一个区块被挖出时，中本聪嵌入文本："泰晤士报2009年1月3日，财政大臣站在第二次救助银行的边缘。"

此时，美联储主席伯南克正在推行第一期量化宽松，决定购买3000亿美元长期国债、收购房利美与房地美发行的大量抵押贷款支持证券。

"举大义"需要顶层设计，抓住时代的弱点。陈胜吴广高呼"王侯将相宁有种乎"，群雄揭竿而起。"高祖斩蛇，平帝还命"，刘邦斩白蛇起义，夺得天下。

如今，中本聪和扎克伯格都指向法定货币贬值、美元霸权，试图以数字货币取而代之。

2008年金融危机后，全球主要国家央行实施宽松货币政策，美元及主要法定货币贬值，全球流动性泛滥，引发众多民众不满，但他们又似乎无可奈何。

此时，比特币低调出场。

中本聪直指法定货币的要害："传统货币的根本问题就是，它们必须得到全部的信任才能发挥作用。必须信任中央银行不会使货币贬值，然而历史上却不乏违背这一承诺的情况……"[①]

中本聪的做法是发布一个无国界货币——比特币，建立一个点对点的电子现金支付系统。比特币背后至少包含三层含义：

一是比特币是非法定、无国界货币，即货币非国家化；

---

① 2019年6月18日Facebook发布的Libra白皮书。

二是比特币网络是一个去中心化的分布式网络，一个无国界的银行转账及支付系统；

三是比特币的出现，意味着一种非国家化的超主权货币以及无国界金融体系的尝试。

Facebook加密货币Libra则是在这三层含义上强化了可执行性。

但是，这里出现一个问题：货币能否非国家化、私有化？

这是一个看似简单而又非常难回答的问题。根据当前主要国家的法律，法定货币受到国家法律保护，具有法偿性和强制性，私人货币不受认可。

但是，倘若从货币历史、本质及未来趋势来看，这问题又没那么简单。

“自由主义斗士”哈耶克是货币非国家化主张的代表人物。

在20世纪70年代，哈耶克将自由主义思想贯彻到底，瞄准自由经济的最后堡垒——国家法定货币，提出一个惊世骇俗的主张——货币的非国家化，质疑政府垄断货币发行的法理性，主张以竞争性货币来打破政府对货币的垄断。

为此，哈耶克出版了《货币的非国家化》一书。这本书如今成为数字货币支持者的理论大旗。但实际上很少有人看过这本书，此书引进中国后很快就绝版了，直到2019年才重新出版。

不过可惜的是，哈耶克在书中并没有提供翔实的历史数据或可靠的理论，论证货币非国家化的可行性。他只是提出了诸多问题：

历史上，黄金、白银、银行券都不是法定货币，货币非国家化的时间远远大于国家化的时间，为什么货币一定要由国家垄断？

既然相信市场竞争是资源配置效率最高的手段，那么，为什么货币发行不交给市场来解决？

市场的价格、供给、竞争机制可以防止货币超发，维持价格稳定，国家垄断反而导致货币超发、货币贬值，为什么不用市场机制来解决通货膨胀问题?

这三个问题甚至难倒了当时的经济学家，包括货币主义创始人弗里德曼。

凯恩斯主义者与新自由主义者难有共通之处，但他们都坚持货币由国家垄断。哈耶克问弗里德曼，你既然是市场自由主义者，为什么在货币问题上却不相信市场?

弗里德曼答不上来，只说货币很重要，不可轻举妄动，只能由国家控制。事实上，绝大多数经济学家都坚持货币国家化，但都没有可靠的理论支持。

早期人们使用的贝壳、食盐、石币、金银、银行券都不是国家化的，都是市场自发形成的。比如，银行券是早期威尼斯、伦敦等城市的私人金铺向客户发放的“凭证”。

最早的央行英格兰银行，是由苏格兰人威廉·彼得森于1694年创立的。这家英国皇家特许的央行最初是私人性质的，主要为政府筹措战争经费，并拥有发币权。

1844年，英国首相皮尔推行了新银行法——《皮尔条例》，将英格兰银行改组，分设发行部和银行部。

英格兰银行的发行部实际上承担了央行的基本职能，包括：发行货币；管理国债；同财政部和财政大臣协作，执行货币政策；代理政府保管黄金外汇储备；等等。

《皮尔条例》削弱了私人银行发币权，控制了私人银行发行法定货币额度，确认了英格兰银行的央行地位以及英格兰银行券的法偿货币地位。

这是货币史上货币国家化的关键步骤。

后来，为了避免“既当裁判员又当运动员”的冲突，英格兰银行逐渐放弃了商业银行业务，成为名副其实的央行，并于1946年由工党政府收归国有。

英格兰银行成为其他国家央行的标准模板，扮演“最后贷款人”的角色，是“发行的银行、银行的银行、政府的银行”。

不过，在《皮尔条例》通过后，当时的英国哲学家赫伯特·斯宾塞对此提出质疑（可见，哈耶克不是货币非国家化思想的首创者）。

斯宾塞的理由跟哈耶克如出一辙，他指出：“既然我们信赖杂货店老板卖给我们的茶叶的分量，我们也相信面包店主卖给我们的面包的分量，那我们也可以信赖希顿父子公司（Heaton and Sons）或伯明翰的其他企业也会根据其风险、利润来供应我们沙弗林与先令。”

斯宾塞的主张惹恼了英国著名经济学家杰文斯。杰文斯直截了当地说:“没有任何东西比货币更不适宜于交给企业进行竞争的了。”杰文斯搬出了“格雷欣法则”作为依据，他说：“良币不可能驱逐劣币恰恰证明了这一法则。”

后来，经济学界普遍接受了杰文斯的观点，即货币市场容易出现劣币驱逐良币的问题，因此货币发行应该交给国家。在战争年代，多数国家的政府接手了央行及货币发行权。此后，人们逐渐习惯了货币国家化及法定货币的规则。

但是，杰文斯实际上忽略了一点，“格雷欣法则”恰恰缘于政府强制导致市场无法充分竞争。政府规定只能使用金银来铸币，或者垄断了发行市场，才会出现劣币驱逐良币现象。如果货币市场充分竞争，劣币没有人接收，自然会被淘汰。国际货币市场实际上是一个相对竞争的市场，没有人接收委内瑞拉玻利瓦尔这类的贬值货币。

所以，用“格雷欣法则”来解释货币国家化实际上是站不住脚的。

理解这一点的困难来自我们对货币的定式思维，或者是一般等价物的误导。

自亚当·斯密以来，经济学家都认为货币源于普通商品，属于一般等价物，没有凝结人类劳动的货币没有价值。这种货币理念一直误导了经济学家和大众。

自20世纪70年代开始，经济学家反思货币的本质及起源，货币即合约（契约）的主张逐渐得到认可。

新制度经济学家认为，货币的本质是一组合约，是一群市场主体共同协商的一种解决市场交易的制度安排。现代货币理论认为，货币起源于债券债务，属于债务记账工具及债务契约（欠条）。不过，现代货币理论认为，货币必须由国家掌控。

例如，一个岛上没有货币，交易不便利，岛民们协商采用一种中介物来促使交易达成。假如他们共同确定用石币作为交易中介物，那么石币就是货币，也是大家共同要遵守的契约——促进交易便利性的契约。

货币起源于交易费用，为了降低交易费用，人们协商使用一种制度来解决。人类历史上，孟加拉人协商用贝壳做交易，草原民族协商用羊皮做交易，雅浦岛民协商用石币做交易，监狱狱友协商用香烟做交易……

信用货币是一种债权债务性质的合约。如前所述，美元上印刷的“This note is legal tender for all debts，public and private”（这张纸币可以合法支付任何公共及私人债务），以及港元上印刷的“Promises to pay the bearer on demand”（凭票即付），都是指债务合约关系。

货币五花八门，种类繁多，但本质上都是一种合约安排。

货币是如何从自由货币变成法定货币的？

法定货币的出现，与国家的出现本质上是一样的。国家也是一种合约安排，但它有一个演化过程。

美国著名的人类学家摩尔根、塞维斯等提出国家群演论。摩尔根认为，国家按照“氏族—部落—部落联盟—国家”演化而来。塞维斯将部落联盟改成酋邦。

霍布斯、洛克、卢梭、斯宾诺莎等启蒙思想家提出社会契约论，认为国家就是国民达成的一组契约，通过建立国家机器来保护自己的财产及生命安全。

与氏族、部落、部落联盟的区别是，国家这个契约水平更高，权利、义务、责任及履约能力都更强。其实，这也是法定货币与其他货币的区别。

贝壳、羊皮、食盐、石币、铜钱、金银都曾经是一些群体共同协商的货币，即契约。但是，国家出现及强大后，国民除了协商如何组建暴力机关保护财产及安全，还协商如何确定一种交易媒介（货币）促进商品交易。

如此，法定货币就诞生了。

在古代，国家越早出现，国家力量越强大，法定货币越早诞生且越牢固。秦国在一统天下后就统一了货币。

在近代，随着商品交易越来越频繁，法定货币的信用优势开始显现，贝壳、羊皮、食盐等各类货币大规模消失，逐渐被法定货币取代。在大规模商品贸易中，货币的网络效应展现得淋漓尽致。同时，网络效应又强化了法定货币的国家垄断地位。

以上就是法定货币的形成过程，但存在两个细节需要考究：

第一，贝壳、食盐、铁钉、石币、金银等商品货币和金属货币，更多是市场自发形成的，属于市场自发形成的合约，而不是集中协商的结果。

奥地利学派的主张就基于此。他们认为，市场是一个自发秩序。当没有货币时，所有人都会为了将自己的东西交易出去，同时获得想要的东西，而猜测、试探交易对方最想得到什么。

经过几十年、几百年的试探后，当地人的偏好逐渐趋同，比如岛民认为石币最好，草原民族认为羊皮最好，海边渔民认为贝壳最好。这样不同地方就由市场自发形成了不同的货币。

奥地利学派认为，货币不是某一个人创造的，而是经过漫长的历史由市场自发演变形成的。在交易成本极高的情况下，交易者不断地探索、揣测并最终达成共识（合约）。

第二，早期（古代）的法定货币是一种强制性契约。

古代国家具有明显的暴力及统治色彩，国民只能被动接受包括法定货币在内的一切，属于被统治对象。其中，货币也是国家统治的一种手段。

只有到了近代社会，民主国家建立以后，法定货币才属于国民共同协商的合约。

从货币的本质来看，货币不过是一群人的一组市场合约，法定货币是国民的市场合约，国际货币体系则是各国一起签署的市场合约，如“一战”前的黄金标准、“二战”后的布雷顿森林体系。

所以，货币不论从历史，还是本质的角度，都不属于国家的特权。即使在法定货币时代，也存在大量的私人货币、非法定货币作为补充。

由于古代国家统治力有限，法定金属货币因运输、切割等问题，无法渗透到偏远村落，于是催生了大量非法定货币。

日本东京大学黑田明伸教授在《货币制度的世界史》一书中讲述了他对于古代货币所做的大量史实研究。他发现，在古代中国、近世日本的偏远村落，由于货币奇缺，村民们只能用米、鸡蛋等作为交易媒介，同时还存在不少“债券债务型货币”——借米、借工等欠条合约或口头承诺。

在近代特殊时期，也存在非法定货币。弗里德曼在《货币的祸害》中讲述了一个大萧条之后的故事——美国华盛顿州一个叫特奈诺的集镇协商用木片充当货币。

受到大萧条冲击，特奈诺集镇上1055家银行全部停止兑付，一时间城中的交易瘫痪。商工会议所计划发行相当于储户存款25%额度的证书，其中一部分证书以印刷了25美分等面额、明信片大小的木片形式发行，商人们同意接受这种货币，并以此渡过难关。

黑田明伸对此分析：“并不基于确实的债权、没有来自政府的保证、只是以其本身不过是木片或纸屑作为通货而流通，完全是基于城里的人们共有的松散约定。”[①]

作为合约理论专家，张五常先生坚持货币即合约的主张。他在《经济解释》一书中讲述了一个例子：战争年代出现过一种情况，即将10元纸币撕成两半使用，半张为5元。撕成一半的货币，银行

① 黑田明伸：《货币制度的世界史》，何平译，北京：中国人民大学出版社2007年版。

不接收（除非兑换新币），法律已不承认，但市场依然认可，以5元价值交易。

黑田明伸在《货币制度的世界史》中介绍了著名的玛丽亚·特里萨银币——一种在19—20世纪广泛流通于红海周边国家的通用货币。凯恩斯、哈耶克、韦伯等经济学家都关注过这一历史货币。

玛丽亚·特里萨银币是一种超越国家权威、疆域、民族及文化的自由货币，是最早由奥地利发行的法定货币，由18世纪著名的奥地利女皇冠名。

玛丽亚·特里萨银币最初作为奥地利法定货币，之后广泛流通于远离奥地利本土的非洲、西亚国家，成为跨国结算货币，相当于国际区域性货币。

1854年，玛丽亚·特里萨银币在奥地利国内被废除，在奥斯曼帝国也被禁止，成了“非法定货币”。但这种来自维也纳的银币使用规模不但没有缩减，反而更为广泛地长时间流通，英国公司在红海领域的皮革、石油、食糖、纤维制品等贸易中都是以该银币结算的。

为了支持国际贸易，奥地利维也纳、意大利罗马、英国伦敦、法国巴黎、英属印度孟买、比利时布鲁塞尔都加入了玛丽亚·特里萨银币的铸造中。

所以，货币其实是一种在市场交换中主体自发认可的“看不见的协议”。

理解了货币历史及本质后，我们就很容易明白，货币的非国家化、国家化都是一种协议。美元是美国人的合约，欧元是欧元区国家的合约，数字货币是数字货币持有者的合约。本质上，所有的货币都是协议本位。

合约，数字货币支持者一般理解为“共识”，执行合约叫“记账”，利用“共识算法”发行数字货币，如比特币的工作量证明（POW）。所谓“共识算法”就是协议里具体的权利、义务及规则，如“工作量证明”就是按照哈希运算效率来竞争记账权。

比特币是比特币支持者们的合约，以太坊是以太坊支持者们的合约，Libra稳定币是Facebook支持者们的合约。

以太坊是个典型合约——智能合约，开发者可以利用智能合约开发Dapp，支持者可以使用以太坊投资、消费Dapp。这就是这一共识货币的应用场景。

Visa、PayPal、Uber将成为Libra稳定币的信用节点，预计Libra稳定币将有相当广阔的应用场景，对以太坊、EOS构成强大的竞争。

既然都是货币，Libra稳定币出身于“豪门”，比特币是数字货币及区块链的开山鼻祖，二者能否挑战美元？

02

货币的合约安排　为什么货币超发等于违约？

根据货币的本质——“货币即合约”，货币的非国家化在历史上、理论上都站得住脚，比特币、以太坊、Libra稳定币以及私人发币至少具有“合理性”，其合法性则需适用各国法律。

但是，比特币、以太坊、柚子币（EOS）以及绝大部分数字货币，因其发币机制存在致命缺陷（合约缺陷），丧失了货币的交易功能，沦为投机性数字资产。

这一观点极为重要。

以上“货币即合约”的主张，论证了货币的非国家化的合理性，但是我们没有探讨合约的具体内容。

所有货币合约中，都有一条“使命性质”的义务：货币价格稳定。

不管是市场自发形成的协议，还是群体、国家协商制定的合约，目的都是确定一个可靠、可信的交易媒介（货币）。何为可靠、可信？

除了质地均匀、不易腐烂、便于携带、易于切割外，最根本的是价格（价值）稳定。没有任何一个国家、群体会使用一种不稳定的媒介作为货币。历史上，没有任何一种不稳定的货币能够长久存在。所有的货币都崩溃于大幅度贬值，或相对价值不稳定。

所以，货币当局（发行方）最根本的义务就是维持货币价格的稳定。

反过来，如果货币价格不稳定，尤其是大幅度贬值，就相当于货币当局违反合约、背弃承诺。

张五常先生在《经济解释》中一针见血地指出：“从合约的角度看货币是重要的，而这样看，通胀或通缩的出现算是毁约……我们听到的要求稳定物价的声浪其实是要求守约。”

从货币本质的角度，货币当局发行过多的货币，意味着两个致命问题：

一是国家违背了货币合约，没有履行维护货币价格稳定的义务，没有提供一个可靠、可信、价格稳定的交易媒介给国民。西方国家非常看重货币当局负责人的个人信用。

二是国家发行了太多“欠条”，当国家没有足够的资产来“兑换”时，就意味着国家信用破产，货币大幅度贬值。

1971年，美国发行了太多美元，没有足够的黄金储备供成员国政府兑换，因此宣布关闭黄金兑换窗口。这意味着美国单方面撕毁了布雷顿森林体系这一国际货币协议。

再看比特币、以太坊和EOS，这三种数字货币的价格涨跌幅度都非常大，价格极度不稳定，本质上是违背了货币合约，致使其丧失了货币的交易功能属性。它们从此与货币渐行渐远，彻底变成了投机性数字资产。

从货币发行的角度来看，数字货币的合约，即“白皮书”，存在巨大的漏洞：

首先，比特币、以太坊、EOS强调去中心化，没有货币发行的责任主体。换言之，没有一个类似于央行的机构来维护货币价格的稳定。

其次，比特币采取的是一个封闭的、与市场隔绝的发行机制，无法维护货币价格的稳定。

中本聪表达了对传统银行系统的不信任以及对货币超发的不满，试图通过定额发行（2100万枚）的方式维持比特币不贬值。实际上，这种办法是机械的、无效的。

货币不是为了发行而发行，货币的功能是服务市场交易。货币不应该定额发行，而是应按市场需要发行。

中本聪采用定额发行机制，试图让比特币不断升值。实际上，货币升值与贬值一样，都是违背了合约，都不利于商品交易。货币的天职是价值稳定，而不是升值或贬值。

最后，以太坊、EOS注重货币应用场景，但忽略了价格稳定的重要性。

以太坊的智能合约推动了去中心化应用程序（Dapp）的发展，也为以太坊这一货币找到了一个很好的应用场景。很多人购买以太坊投资项目，项目方也乐于收取以太坊。但是，当以太坊价格大幅度下跌时，这一美好的应用场景就崩溃了。

2018年下半年，当比特币下跌时，以太坊跌得更加凶狠，尤其是比特币跌破6000美元关键支撑时，以太坊大幅度杀跌。原因就是大量项目方抛售以太坊，导致发生"集体踩踏"，他们抛弃以太坊换回美元以稳定财富值。

以太坊搭好了台子，主角不靠谱，把戏演砸了。

其实，目前以太坊的台子存在技术性障碍。以太坊与比特币一样面临拥挤的问题，一个稍微火爆的游戏就可以堵死以太坊。以太坊试图用分片技术（分组记账）来改进，但这项技术估计还得两年才能成熟应用。这就是当前区块链技术的弊端。

EOS选择超级节点（Facebook的Libra也采用此办法）来解决以太坊的拥堵问题。为了维持超级节点，EOS制定了社区"宪法"，实际上就是货币合约。有人认为，超级节点并未真正地去中心，违背了分布式精神，属于超级玩家的豪门游戏。

其实，EOS的超级节点虽然扩展了应用场景，提升了记账效率，但本质问题与以太坊一样，都没有办法维持货币价格稳定。

如何才能维持货币价格稳定？何种货币合约才可信？

从人类货币史来看，大致有以下三种解决办法：

一是采用靠谱的商品（金属）货币。

这是近代之前最朴素、最原始、最常用的办法。比如岛民偏好石币，渔民偏好贝壳，游牧民偏好羊皮，比特币拥趸们偏好比特币。

后来，金属，尤其是金银，从众多商品货币中脱颖而出，成为大多数国家的商品货币。也就是说，金属货币只是一种特殊的商品货币，具有更高的信用。

货币等于最靠谱的商品，这完全符合劳动价值观主张。但由于大量的历史记载，再加上根深蒂固的劳动价值论，经济学家及大众对货币的本质产生了误解：①货币起源于商品，是一般等价物；②货币必须凝结人类劳动，没有劳动价值的货币（纸币）没有价值；③对黄金深信不疑，甚至呼吁恢复金本位。

其实，货币的价值与商品、黄金无关，商品和金属只是历史上保持货币价格稳定、保障货币信用的最朴素的解决办法。货币的价值与有没有人类的劳动无关，货币的价值来自货币的交易功能，有交易功能则有价值。正如阳光的价值与人类及劳动无关，其价值来自其功能属性。

二是利用权威签署借贷合约。

远古社会，由于信息不对称、剩余物资奇缺，并不具备物物交换的条件。当时，更多的交换不是空间上的交换，而是时间上的交换。

比如，甲没有食物，也没有东西交换，怎么办？甲找到族长，族长出面让乙借一条豹腿给甲充饥，甲承诺下次打到猎物归还一条豹腿或一只小鹿。

这就是时间上的交换，是现代金融市场重要的价值触发机制。

在这种交易中，甲相当于给乙写了一张欠条，或给出了一个口头承诺。这个欠条和承诺就是一种货币，即债权债务合约。族长的权威、约定俗成的规则以及甲的信用，是这一货币合约的保障。这就是债券债务型合约。

这种货币如何才能不贬值?

甲兑现承诺，按期、足额归还乙一条豹腿或一只小鹿，说明货币没有违约，“欠条”也没有贬值。

三是利用国家机制维持货币价格。

当部落演化为国家时，国家信用取代了族长信用，成为货币价格的稳定器。

最开始，政府利用国家的信用，结合第一种办法，即商品货币的思维和劳动价值论主张，来构建金本位法定货币。

各国政府直接铸金属货币，如金币、银币、铜钱。后来，银行券诞生后，才有金本位纸币，比如“一战”前的英镑、“二战”后的美元。

但是，这个时候的纸币不能随便发行，而是以黄金为资产储备发行。这种发行机制最大的好处是能维持货币价格稳定。

英格兰银行早在成立时就采用了资产负债表的方式——一边是黄金资产，另一边是英格兰银行券负债——确定这一发行机制。这成为之后各国央行坚守金本位制度及稳定货币价格的典范。

而且，如前所述，英格兰银行建立了货币两大标准：“货币发行以黄金等为抵押”“刚性兑付”。

金本位货币的合约本质是，纸币能以固定的价格兑换黄金。这就是黄金标准的信用。

“二战”后，美国建立的布雷顿森林体系，也是基于金本位的国际货币体系。在这个体系中，33美元兑换1盎司黄金，只限于成员国政府兑换，个人没有权利兑换。

但是，法国、西班牙等国政府不断地拿美元去美联储兑换黄金，导致美国黄金储备不断下降，黄金价格持续上涨，最终无法维持黄金比价而关闭兑换窗口。

黄金兑换窗口被关闭，标志着人类彻底进入了信用货币时代和浮动汇率时代。

信用货币无法刚性兑付黄金，从而成为真正意义上的纸币。美元、欧元、日元发出的是彻底的“欠条”，你抵押房子给银行，银行只给你一张无法兑换黄金的“欠条”。所以，很多人觉得，还是要恢复到金本位才好。

其实，商品货币、金属货币、金本位货币被淘汰是历史的必然选择。随着国际贸易规模持续加大，美联储必须印刷更多美元，但是黄金增长却非常有限，这样美元必然贬值，黄金价格上涨，导致美元无法锚定黄金，最终金本位合约崩溃。

信用本位替代金本位，实际上是回归了货币的本质——一种纯合约本位货币，不需要商品、黄金兜底，仅依靠制度安排。

但是，不锚定、不兑换黄金的信用本位的难题是，这一制度安排如何确保不违约，保障信用货币不贬值？

信用本位货币实际上是一个高度制度化的货币，是一个履约责任重大的合约安排。从20世纪70年代开始，各国央行在三个方面强化了合约制度：

一是强化央行的独立性，使发币权不被政府及任何组织掌控，促进货币政策目标的单一化，通常以控制通胀为目标，旨在稳定货币价格，履行货币合约。

二是央行创新市场操作工具，将利率调控与公开市场操作相结合。

三是央行资产替换，证券、债券、外汇替代黄金成为央行的主要资产。

除了调整利率和准备金率，央行最常用的调控办法就是公开市场操作，即通过买卖证券、国债、外汇储备等资产来回收、释放本币，以维持本币价格稳定。

03
美元的霸权解析　比特币和Libra有多大的超越美元的可能性?

我们再来看看比特币、以太坊、Libra的合约安排:

比特币缺少一个像央行公开市场操作委员会一样的机构，也没有任何资产用于买卖来调节价格。

认真阅读比特币白皮书你会发现，中本聪当时设计比特币的核心目的是建立一个“点对点的电子现金支付系统”，即建立一个无国界的银行系统，而数字货币（比特币）只是这一系统下的副产品。

为什么说是副产品?

比特币网络是一个去中心化的分布式系统，它与支付宝、商业银行系统的技术逻辑完全相反。假如，甲向乙转账1000元，此时会面临一些问题，如余额、收款人账号匹配的验证、双重支付问题等。通常我们会引入一个第三方权威来处理这些问题，比如银行系统、支付宝系统。

但是，中本聪认为，第三方权威不可信。他在白皮书中这样写道:“可是该解决方案的问题在于，整个货币系统的命运完全依赖运作造币厂的公司，因为每一笔交易都要经过该造币厂的确认，而该造币厂就好比是一家银行。”

中本聪的办法是将这些问题交给大家（节点）处理，防止被人控制。大家选择一个人来操作，然后监督他完成。这就是与中心化相对的分布式计算。

那到底选谁呢？

不是民主投票，而是自由竞争。中本聪出了一道数学题，解哈希函数，即“在自己的区块中找到一个具有足够难度的工作量证明”。当然这个工作由计算机来完成，算力越强的计算机，竞争胜出的机会越大。这样算力超强的专业矿机就诞生了。

当全网广播和其他节点确认后，你就可以将这些转账记录在区块之中，然后“跟随该区块的末尾，制造新的区块以延长该链条”。这个过程就叫“记账”，这个链条就是区块链。

这个“记账”过程是公开的、平等的、不可逆的，被认为是更加可信的。这就是区块链的价值。

但是，如果没有好处，谁愿意干记账工作？

中本聪想了一个办法：谁记一笔账，即挖到一个区块，奖励若干个比特币（现在大概是12个）。这是一种奖励机制。

所以，挖矿实际上是为了争夺记账权，比特币（作为货币）实际上是为了驱动比特币区块链网络而设计的奖励。

比特币支持者认为，这种奖励机制利用POW，即多劳多得的办法，是最公平的。

再看法定货币发行机制，没有房子抵押无法得到货币。一旦货币超发，货币潮水般流向富人及大企业，而拿不到货币的企业及穷人则要面对通胀。央行不遵守货币合约超发货币，实际上是向穷人收取铸币税，加大了贫富差距。

但是，从货币的角度来看，比特币的“工作量证明”存在致命缺陷，这一货币发行机制意味着劳动的纯消耗，没有积累任何资产，没有资产不是因为比特币不值钱，而是无法通过买卖资产来维持比特币的价格。

有些人认为，比特币消耗了这么多电和矿机，维持一个跨国界的分布式银行系统是值得的。这固然没错，但从货币的角度来说，这导致比特币完全违背了货币合约，比特币价格波动剧烈，失去了货币价值。

从白皮书来看，中本聪的愿望并不是建立一个无国界货币，而是一个全球化的分布式银行系统。

比特币未来的价值在哪里？

失去了货币价值后，比特币只剩下投机性数字资产的价值。

那么投机性资产有价值吗？

美国有不少投机市场，投机只是一个中性词。一般来说，期货投机市场有价格发现的价值，即作为晴雨表、风向标，还有风险转移的价值——低风险偏好者将风险转移给高风险偏好者。

比特币并不存在风险转移的价值，只存在“晴雨表”的价值。由于比特币是一个无国界的分布式转账系统，国际局势一旦紧张，如伊朗问题、法定货币恶性通胀，这一系统的价值就会提升——吸收外流资金、洗钱。

由于其流动性比黄金更强、全球化交易更加便捷，比特币可能会替代黄金指数成为国际局势的“晴雨表”。

所以，基于无国界的分布式银行系统，比特币最大的应用空间应该是成为“数字黄金”。当然，比特币能否替代黄金依然存有争议，二者在线上、线下应该都有各自的优势。

比特币的价格实际上是由市场自发形成的，这一点其实很了不起。与很多区块链项目一样，以太坊最开始是以私募起家的，当时融了不少比特币。但是，比特币价格波动太大，无法作为资产来稳定以太坊价格。同理，其他数字货币融得以太坊、EOS，也无法用后者稳定其价格。

当然，最开始有些区块链项目试图以股份为资产发行货币进行融资，这种货币实际上就是证券本位货币。

但是，由于股票抵押涉嫌违反主要国家的证券法，绝大多数项目都放弃了这种方式。这就导致区块链项目及数字货币缺乏有价资产储备，成为无本之木、无水之源，全部沦为投机性数字资产。

由于数字货币技术难度低、发行成本低，大量数字资产上市。本来交易所自由竞争，有上市也有退市，可以优化数字货币资产，但是，由于交易所组建的成本极低、监管缺失，大量交易所上线、大量数字货币上线，导致整个市场"货币"泛滥、洪水滔天。

比特币、以太坊等数字货币，一旦失去了货币功能，沦为数字资产，就彻底失去了挑战美元及法定货币的资格。

货币是金融体系的基石，任何资产的定价权都掌握在货币手上，数字货币的价格都被法定货币控制。比如，中国的房地产、股票以及其他资产都放在一个篮子里，其价格都由人民币价格决定。比特币的价格由美元决定，尤其是比特币期货上线后，美元势力对比特币期货及现货价格形成了降维打击。

所以，数字货币的真正前途及其权力在稳定币上。

Facebook的Libra稳定币规避了比特币发币机制中的弊端，采用了EOS超级信用节点的优势，结合了现代货币制度——以一篮子货币为储备资产，是一个相对完善的数字货币合约。

Libra的目标应该有三个：

一是一种稳定的无国界的加密货币；

二是一个全球化的分布式银行系统；

三是一个以Libra为核心的全球数字金融体系。

从白皮书来看，Libra类似于国际货币基金组织发行的特别提款权（Special Drawing Right，SDR），亦称“纸黄金”（Paper Gold）。

1969年，美元危机爆发，国际货币基金组织提出创设一种补充性的国际储备资产，作为对美国以外美元供给的补充。这就是特别提款权的由来。特别提款权的价值，目前由美元、欧元、人民币、日元和英镑组成的一篮子储备货币决定。

但是，特别提款权有特定的使用范围，只有成员方政府（非私人）才可以使用，主要用于偿还国际货币基金组织债务、弥补会员政府之间国际收支逆差。

不出意外的话，Libra的储备资产应该也是由美元、欧元、英镑、日元以及美债等一篮子资产组成。

与比特币相比，Libra拥有资产储备，而且可以通过买卖美元、美债等方式维持其价格稳定。这样，Libra就有条件履行其货币合约，成为真正意义上的“货币”。

那么，Libra能够挑战美元霸权或法定货币的地位吗？

我们经常说美元霸权，到底什么是美元霸权？我们可以用一个关键词——铸币税来概括。美元如何向全球收取铸币税呢？一般有以下四种方式：

一是发行美元，谁使用美元，谁就被收铸币税。

关于这一点，任何国家的法定货币都一样，因为法定货币是信用货币，本质上是欠条。你给我资产，我给你欠条，收取你的铸币税。现在国际结算使用最多的就是美元，美元收取了最多的铸币税。

从货币的本质来说，这种铸币税其实不算“税”。因为货币是一种“通用”欠条，是一种交易解决方案，为你提供了交易便利，实际上是有价值的。

二是超发美元。

这种收税方式比较明显。货币超发导致美元贬值，意味着美联储不受合约约束。这种不守约行为，导致其他国家的美元外汇储备缩水，减轻了美国政府的债务负担。这就是变相向全球收取铸币税。

三是以美债为资产发行美元。

这种收税方式极为隐蔽，极少有人能察觉。如今，美联储资产负债表里最主要的资产便是美债。相比黄金、证券，以美债为资产发行美元是成本最低的方式（对于整个美国来说）。

美债本身是欠条，用欠条发行另一种欠条——美元——的好处是政府只需要支付不到3%的利息，即可扩张美元。而美国企业从商业银行拿到美元在全球投资的收益率超过15%。

倘若美联储以黄金、证券为资产扩张货币，美国政府购买黄金、证券的成本要比自己发美债的成本高很多。

所以，所谓美元霸权，实际上是美元及美债的“双簧”。

四是美元紧松周期。

美元的升值周期备受诟病，因为美联储每次加息都会引发他国的债务危机和货币危机，甚至引爆全球金融危机。

这是美元霸权的突出表现，也是当今世界货币体系的核心问题。美元作为“世界货币”，理论上应该是全球市场自发形成的共同合约，但是它又是美国人的法定货币。美元只对美国人负责，不对他国负责。美元的责任与其权力不相等，法定货币的“小责任”与经济全球化的“大权力”相冲突。

所以，美元宽松和紧缩只会考虑美国本国利益，一些国家则惨遭收割。那么，具体是怎么收割的呢?

打开其他国家的央行负债表，你会发现，很多国家的央行都以美元、美债为储备资产发行货币。这样是否有问题?

如果美元升值，意味着他国央行负债表的资产通缩，本币贬值。这个时候怎么办?一般都会出售部分资产维持本币价格。但是，如果美元储备不够怎么办?本币贬值就不可避免，甚至大幅度贬值，从而引发货币危机或债务危机。

拉美债务危机、亚洲金融危机，以及近年土耳其、阿根廷等新兴国家货币危机，都是这种原因造成的。

所以，以美元为资产储备的货币，可能会被美元收割，掌控命运的关键在于是否有足够的外汇储备。

为什么新兴国家尤其是拉美国家总是被美元收割?主要原因是这些国家的经济实力不强，出口创汇能力不足，无法维持本币价格，同时还大举美债。港元能够长期锚定美元的原因是中国香港的经济跟得上美国的节奏，拥有足够的外汇储备。

我们再来看看Libra的命运。

港元是美元本位，以美元为资产储备发行。Libra与港元类似，锚定美元，当然还包括其他国家的货币。

但是，Libra的命运取决于Facebook成立的国际管理组织Libra协会（暂且定义为Libra的央行）是否具有足够的外汇储备。

否则如果美元波动大，Libra为了维持价格稳定，低买高卖，未必能够达到目的。Libra的外汇储备来自哪里？

Libra协会本身不能成为营利机构，否则与央行职能相冲突。所以，主要外汇来自Visa等信用节点的入会费，以及Facebook的援助。但是，这应该远远不够。

新兴国家都具有一定的创汇能力，但多数仍难以完全维持本币稳定。Libra的主要压力在于美元波动时如何保持价格稳定。

Libra锚定一篮子货币能否分散风险？所谓一篮子货币，依然以美元为大，因为其他货币更不靠谱。

所以，Libra没有任何挑战美元的余地，其定价权被美元掌控。

有一种相反的观点，即Libra是美国的阴谋，是美元在施展数字货币霸权。

这种观点其实站不住脚。目前的国际货币体系对美元是最为有利的。美元掌控了全球资产及他国货币的定价权，但是不需要承担相应的责任。

还有一种观点似乎更为直接：货币当局尚无法遵守法定货币的合约，凭什么相信Facebook会完全履约？

目前区块链技术可以做到不可逆、更公开透明，但无法确保Libra价格稳定。更何况Libra采用的超级信用节点以及许可型区块链，并未彻底地去中心化。Facebook在技术路径上更加实用和成熟，但数字货币信仰者会对其可信度提出质疑。

不信任的问题，最终会引发监管风险。这就引出最后一个问题：Libra挑战法定货币权威以及国家货币主权，是否会被监管扼杀？

欧元区以及新兴国家对货币主权的捍卫是非常坚决的。若

Libra威胁到他国汇率安全，必然会受到监管和打压。Facebook只是一家公司，外汇管制国家有各种办法管制Libra，其中包括对Facebook的反垄断调查。

目前，稳定币USDT因为为一家交易所提供贷款，正在遭受纽约州的调查。USDT一边扮演央行发币，一边干商业银行的事，这显然是冒天下之大不韪。

在美国，相信Facebook与多数监管机构都有沟通，它们应该做过监管风险的评估。美国监管机构的自信主要来自它们对Facebook及Libra的掌控权，即美元对Libra的定价权。

所以，美元掌控了游戏规则及定价权，美国有这种自信给予Facebook一定的空间做尝试。对于美国来说，这是一个进可攻退可守的策略：若Libra有所表现，美元相当于借Libra积累了数字货币的领跑优势；若Libra失败，也没有太大损失。

但这仅仅是一种美元策略，谈不上战略，更谈不上“货币战争”。

作为一种超主权货币、一种全球化的分布式银行系统，Libra依然是一个重要的尝试。

白皮书强调，Libra的目标是与法定货币并存。Libra不要试图挑战美元及法定货币，低调地活着就是最大的利好。

试错，也是一种进步。

参考文献

[1] 哈耶克.价格与生产[R]. 许大川，译.台北：台湾银行经济研究室，1966.
[2] 丹 · 科纳汉. 英格兰银行[M]. 王立鹏，译.北京：中国友谊出版公司，2015.
[3] 沃尔特 · 白芝浩.伦巴第街[M]. 刘璐，韩浩，译.北京：商务印书馆，2017.
[4] 米尔顿 · 弗里德曼.货币的祸害[M].安佳，译.北京：商务印书馆，2006.
[5] 哈耶克.货币的非国家化[M].姚中秋，译.海口：海南出版社，2019.
[6] 黑田明伸.货币制度的世界史[M].何平，译.北京：中国人民大学出版社，2007.
[7] 张五常.经济解释[M].北京：中信出版社，2015.

比特币经济学

2020年底，比特币重回巅峰，价格再创新高。

创建于2009年的比特币，在2010年首次有了价格（0.0025美元），十年间价格上涨了1080万倍，市值破5000亿美元，相当于花旗银行与摩根大通的总和。

比特币为何暴涨？它是货币放水时代的虚拟资产泡沫，还是一种新型的货币及金融体系？数字货币是否有可靠的经济学逻辑？

本节不预测比特币及数字货币的价格走势，也不指导数字货币投资，只是从经济学的角度阐释数字货币背后的金融逻辑。

01
野猫银行

比特币类似于一种投机性的虚拟资产。

它上涨的逻辑与黄金类似，是全球金融稳定的“晴雨表”。新冠肺炎疫情以来，各国货币大规模放水，货币贬值预期加剧，市场追逐房地产、股市及比特币等避险资产，比特币价格由此走高。比特币这轮价格上涨，与房价、股价上涨类似，属于通胀现象。

比特币还是一种超主权的数字货币及跨国界的金融体系。

股市、房地产被法定货币定价，其流动性受到国家金融制度的约束，但比特币不存在这个问题，它是一个资金跨国流动的灰色通道。

比特币作为投机性虚拟资产，已经成熟了。但是，作为超主权货币及新金融体系，数字货币还处于稚嫩期，从比特币到以太坊，再到Facebook的Libra，都还在探索中。

数字货币的未来前景如何？

我们知道，数字货币之所以惊艳世人，是因为其有别于法定货币，是一种私人货币。或许，天下苦法定货币久已，货币的非国家化、私人化备受期待。

其实，在人类货币历史长河中，私人货币出现得远比法定货币早，私人货币使用的周期也比法定货币更长。在农耕时代，很多地方使用的货币，如贝壳、石币、稻谷、羊皮、金银等，都是私人货币。工业时代早期的货币，则是私人银行发行的种类繁多的银行券。

从1836年第二银行被终止，到1913年美联储成立之前，美国经历了长达70多年的自由银行时代。这段时期是私人银行的私人货币时代。当时没有中央银行，州立私人银行发行的各类银行券成为人们日常所需的货币。

这是私人货币野蛮生长的时代，也是美国金融体系萌芽、成长的时代，与今日的数字货币格局颇为相似。

1810年，美国只有88家州立银行；到1860年，州立银行增加到1562家，据估计，市场上流通的私人银行发行的货币超过10000

种。这些州立银行的注册门槛极低，很多州都不需要任何注册资金及抵押资产。当时具有保护性质的单一制银行体系（不允许跨州经营）抑制了银行扩张，助长了小规模的州立银行膨胀。这些银行发行的纸币，多宣称采用金本位制，但不少都是“空头支票”，缺乏足够的抵押物。

有些银行券的名字千奇百怪，有些还有特殊的绰号，如“蓝猴子”“生病的印第安人”。人们不得不借助出版商印刷的“验钞指南”，识别假币以及货币价值。识别货币价值的依据是私人银行的资产规模及信用记录。

当时，很多银行并非开在城市中心，而是开在偏远地区。这样有利于逃避顾客拿银行券上门兑换金银币。这种银行被称为“野猫银行”。这群“野猫”擅长“躲猫猫”，顾客平时找到它们兑换金银币都颇为困难，就更别说识别银行券的价值了。

这种混乱局面在今天是难以想象的，但与当下数字货币的局面颇为相似。

观察自由银行时代，我们可以看到一个“货币—银行—金融”体系是如何成长起来的。很少有人注意到，当时的私人银行并不是储蓄银行，它是“银行和企业的混合体”。美国经济史学家乔纳森·休斯在《美国经济史》中指出：“19世纪早期的银行并不是现代意义上真正的商业银行，相反，它们基本上是投资俱乐部，认识到这一点非常重要。”

货币相当于现代金融体系的总发包商。只有货币得到一定范围的使用，私人银行的信贷业务才能开展。早期的私人银行相当于现在的以太坊，它们发行了各种代币（银行券），前期主要任务是推广代币，也就是给代币找到应用场景。在中央银行制度中，基础货币的投放就相当于寻找应用场景。

寻找什么样的应用场景？

在法定货币体系中，税收是最基础的应用场景。从古至今，政府都规定以法定货币纳税从而强制民众使用法定货币。在2008年金融危机时，美联储跳过商业银行直接给企业贷款，在金融市场上购买国债。这相当于给市场投入基础货币，也是给美元扩张应用场景。

对于当时的私人货币来说，投资就是具有吸引力的应用场景。私人银行对外出售股份公开募集资金，投资者获得一定数额的银行券，然后投资当地的企业及项目。这就相当于数字货币领域的发行代币募资。今天，很多人对数字货币的发行方总是在搞项目投资（“割韭菜”者占多数）感到困惑，但其实早期的私人银行也是这么操作的，这是在推广自己的代币（银行券）。据估计，1860年美国新英格兰地区的银行部门所募集的总资金与制造部门的资金存量在一个级别上。

所以，早期的私人银行是发钞行和投资俱乐部的合体。

当银行券得到一定范围的认可及应用，私人银行就开始了更大范围的信贷业务。当时纽约和宾夕法尼亚的银行信贷规模比新英格兰大，城市银行主要贷款对象是商人，农村银行主要贷款给农场主。

这样，私人银行从发钞行晋升为发钞、信贷一体的金融机构，投资俱乐部的身份逐渐被淡化。

早期信贷资金基本是私人银行发行的基础货币。随着信贷规模扩大，私人银行扩张基础货币的压力增加，因为基础货币的发行需要金银作为抵押。另外，随着市场闲散资金增加，顾客的存款需求也在增加，这时信贷银行就逐步转变为中介机构，即吸纳存款、发放贷款的储蓄银行。

这样，私人银行进一步演变为发钞行和储蓄银行的合体。到1860年，美国前十大企业就有9家是储蓄银行。

如何评价自由银行时代?

中央银行及法定货币支持者批判自由银行时代金融秩序混乱、银行家道德败坏，认为私人银行制造了1837年金融大恐慌及多次银行挤兑危机。

但令人感到奇怪的是，自由银行时代（除南北战争时期外）并未引发通货膨胀，货币供应增速甚至还不如人口增速。从1836年到1860年，银行流通纸币增加了47.9%，银行存款总量增加了86.7%，银行资产总量增加了60.8%，这三项数据均低于104.7%的人口增速，而且这期间批发价格下降了18.4%。

这是为什么?

有些经济学家解释，私人银行的自由竞争形成自我约束机制，它们珍惜市场声誉而维护银行券价格稳定。这种解释并不完美。

其实，当时很多银行券还没来得及通胀，就已经退出市场了。大量储蓄银行吸纳存款后以极低的准备金率发放贷款，杠杆率大幅度上升。等顾客上门取款或兑换金银币时，“野猫”“割完韭菜”早已溜之大吉，顾客手上的银行券便沦为废纸。1857年大危机时，州立银行未兑现纸币比1851年增加了60%。严格来说，这些银行券极端通胀而沦为废纸，却没有被纳入统计数据。

如今的数字货币，就像当年的“野猫银行”一样，正在野蛮生长，试图建立自己的货币领地，进而在此基础上构建一个新金融体系。

02
中央银行

1844年，英国首相皮尔推出了《皮尔条例》，这是货币国家化的开端。《皮尔条例》确认了英格兰银行的央行地位以及英格兰银行券的法偿货币地位。

根据该条例，英格兰银行分设发行部和银行部。发行部实际上承担了央行的基本职能，包括发行货币、管理国债、执行货币政策、代理政府保管黄金外汇储备等。后来，为了避免“既当裁判员又当运动员”，英格兰银行逐渐放弃了银行部的中间业务，成为名副其实的央行。

1913年，美国效仿英格兰银行成立美联储，彻底终结自由银行时代。此后100多年，世界进入了中央银行及法定货币时代。

就这样，货币从私人用品转变成了公共用品。表面上看，央行及法定货币是公共用品，商业银行及信贷是私人用品，“恺撒的归恺撒，市场的归市场”，分工完美。几百年来，人们也已经习惯于依赖中央银行及法定货币，很少人觉得其中有什么问题。

在20世纪之前，即维克塞尔之前，经济学家奉行货币面纱论，将货币视为一种可有可无的毫无价值的外生物，大卫·休谟、约翰·穆勒是这一理论的代表人物。长期以来，经济学家并未将货币纳入经济学体系中研究，以至于忽视了货币私有化理论，普遍认同中央银行及法定货币体系。信仰自由主义的弗里德曼也支持大央行主义，不可避免地以计划手段支配货币。哈耶克曾经问过弗里德曼，既然信任自由市场，为何不将货币发行权交给自由市场，弗里德曼没有给出令人信服的答案。

其实，早在《皮尔条例》通过后，当时的英国哲学家赫伯特·斯宾塞就提出过质疑。他的辩词可以说是哈耶克货币非国家化理论的鼻祖，但是翻看《货币的非国家化》一书，你会发现哈耶克并未做出严谨的学术分析。

那么，中央银行及法定货币体系有没有问题？

我们从货币的起源说起。亚当·斯密在《国富论》中对货币起源的分析对后世产生了很大的误导。人们并不是一开始就意识到需要一种交易中介物。货币其实是交易的结果，它源于个体在交换中期望财富或边际效用最大化的需求。等价交换不会发生交易，只有溢价交换才会发生交易。每一次交易，交易者都渴望获得更多的交易剩余。在经过长期大量持续的交易后，有一两种商品会受到交易者的青睐。它的特点是保值，易保存、切割、携带。这种商品最终成为货币，如羊皮、大米、石币、金银等。

货币并不是人类设计的产物，而是交易的结果。古代世界各地都会在交易中形成某种货币。各地最重要的财富，往往就是人们使用的货币。在中国农耕时代，人人都渴望获得粮食，粮食成为主要的财富，也成为主要的货币，地主与农民约定用粮食缴纳地租。可见，货币与人的智商高低、物质贫富无关。这种观点基于效用价值论，而斯密信奉劳动价值论，无法从边际效用的角度分析货币的起源。

所以，我们可以得出两个结论：

第一，货币是主观的。货币是个体的财富共识，财富的本质是购买力。货币的核心功能就是保值，即价格稳定。如果货币超发，这种财富共识便破裂，导致货币的边际价值下降，其真实购买力缩水。

第二，货币是私人用品。货币源自个人的财富需求，是自发秩序演化的结果，是自由市场交易的产物。

所以，货币是个体在无数市场交易中自发形成的财富（效用）共识，是一种“看不见的协议”。本质上，所有的货币都是（自发秩序）协议本位。

既然是协议本位，那么个体能否共同协商一种货币？

答案是可以，但这必须建立在自发形成的共识基础上。金本位货币是以黄金为抵押发行的纸币，黄金对货币发行存在硬约束，而黄金就是财富共识。如果黄金的共识破灭了，那么金本位货币也就崩溃了。

如果不是基于自发秩序，就必须满足全体一致同意原则。布坎南的公共选择学说告诉我们，如果要用集体行动替代个体选择，实现帕累托最优的唯一方法就是采取全体一致同意原则。因为只有全体一致同意，才能确保没有任何人受损。

经济学家米尔顿·弗里德曼在《货币的祸害》一书中讲到木片货币：大萧条时期，美国华盛顿州的特奈诺集镇曾协商用木片充当货币。笔者在本书前文中也有过叙述，此处不再重复。

如果把特奈诺集镇的范围扩大为一个国家，那么一国民众共同商量，一致认为国家信用是他们的财富，一致同意以国家信用（税收）作为抵押发行货币，就是信用本位法定货币。

但是，法定货币，尤其是信用货币，面临守约难题，即个人的市场选择与法定货币的集体意志相背离。

现实中更常见的背离问题是，当货币超发时，投资者放弃现金，买入房地产、股票、黄金等。或者，投资者将货币兑换成更可能保值的货币，导致本币价格大跌。张五常认为，通胀或通缩的出现算是毁约。弗里德曼说，美联储滥发货币，违背了美国宪法赋予它守住币值的责任。

货币应该被赋予法偿性，但是，经济学不完全支持这一说法。上面说到，货币起源于交易中形成的财富共识。虽然民众一致同意使用法定货币，但是商品的边际效用对个人来说每时每刻都在变化。虽然财富共识具有一定的稳定性，但是在历史长河中，曾经受人追捧的货币，如羊皮、大米、铜币、石币，早已沦为普通之物。

集体协商的货币（信用货币），定然会遭遇个人选择及自由竞争的挑战。货币的真实购买力取决于供求市场，而央行作为权力中心，无法用计划的手段合理调控货币供给。

确保信用货币币值稳定的最佳方式是自由竞争，让货币回归到自由市场中，由供给市场来决定其真实购买力。具体操作方法是：中央银行负责确定货币发行制度，货币发行权下放到商业银行，让商业银行决定货币的供应量及价格。

当然，保持货币的竞争性是最重要的。

03
私人银行

2008年金融危机爆发后，人们对法定货币越来越不满。如今，法定货币几乎成了一切经济危机的源头。基于法定货币的全球金融体系已经成为一个大公地，银行、金融机构、投资者、房地产商、跨国公司及福利主义者等，都在上面分食货币红利。

如果货币大规模超发，人们对这种货币失去持有的信心，会有越来越多的人将法定货币置换成股票、房地产、黄金等避险资产。掌控和接近铸币权的人不断地利用货币贬值来掠夺民众财富，扩大贫富差距，制造社会危机。

几乎每一个国家都对法定货币的全球化流动实施限制。这个问题的实质是国家制度正在成为经济全球化的障碍。经济全球化是国家主权对外让渡的过程。法定货币的国家属性与经济全球化大势相悖，形成特里芬难题，导致全球化经济失衡。

解决这一矛盾的做法是改变法定货币制度。欧元是一种集体行动的解决方案，欧盟国家已让渡了关税、货币、军事防御及部分财政主权。但是，全球化治理的低效、无能，让很多人对货币统一丧失了信心。

比特币是一种自发秩序的解决方案。与欧元的温和过渡相比，这种数字化的私人货币直接挑战了央行及法定货币的权威，对国家制度，包括税收、银行及金融体系，构成理论上的威胁。

认真阅读比特币白皮书，你会发现，中本聪当时设计比特币的核心目的是建立一个“点对点的电子现金支付系统”，即一个无国界的分布式银行系统，而数字货币（比特币）只是这一系统的副产品。

根据白皮书，中本聪希望通过分布式节点记账的方式，构建一个公开的、平等的、不可逆的比特币网络。为了激励节点，中本聪设计了限量版的比特币。节点公平竞争解哈希函数，从而获取记账权，记账权则对应着一定数额的比特币。如前所述，挖矿实际上是争夺记账权，比特币实际上是为了驱动比特币区块链网络而设计的奖励。

这与私人货币发行机制是完全不同的。美国自由银行时代的私人银行发行银行券，然后寻找应用场景，在此基础上建立银行网络及中间业务。

比特币并不是一种“合格”的货币。它采用了一个封闭的、与市场隔绝的发行机制。在白皮书中，中本聪表达了对传统银行系统的不信任以及对货币超发的不满，试图通过定额通缩（2100万枚）的方式维持比特币的币值。实际上，这种办法是机械的。货币不是为了发行而发行，货币的功能是服务市场交易。货币不应该定额发行，而应按市场需要供应。

不过，数字货币时代具备自由银行时代没有的优势，那就是发达的投资银行市场。比特币在外汇交易中赢得一席之地，成为投机性的虚拟资产。在这里，“投机性”是一个中性词。令很多人困惑的是，比特币没有资产背书，它的价值究竟是什么？换言之，比特币的财富共识是什么？

比特币的真正价值是它的区块链网络，这个网络成为国际资金流动的“后门”，在全球法定货币及银行体系中撕开了一道口子。虽然这个系统并不完美，但它确实承载了这一通道价值。在各国管控之下，这个通道还非常窄，只能支撑比特币、以太坊等极少数数字货币的价格。

以太坊比比特币更进一步，它接近自由银行时代的私人银行。以太坊是个典型合约——智能合约，开发者可以利用智能合约开发Dapp，支持者可以使用以太坊投资、消费Dapp。这就是这一共识货币的应用场景。以太坊在发行基础货币方面是比较成功的，但它的问题与比特币如出一辙——没有抵押物背书。

其实，早期很多数字货币都试图寻求抵押物，但受到了金融监管干预。在很多国家，有抵押物背书的数字货币都必须被纳入证券监管。如今，Facebook的Libra试图解决这个问题。

Facebook的Libra，完全是自由银行时代私人银行的玩法。它是一种以美元等为抵押物的稳定币，Visa、PayPal、Uber将成为其信用节点，计划为其提供广阔的应用场景。

类似于Libra这种有可靠抵押物的稳定币，才有可能成为真正的私人货币。按照自由银行时代的经验，数字货币还会逐步进入储蓄、信贷、保险、基金、外汇等业务领域。数字货币银行的业务范围与现有金融市场相差无几，但其想象空间要大得多。

首先，数字货币是货币主权重回个人手上的另一种尝试。

自从货币国家化后，货币具有法偿性，美国人纳税必须用美元。如果私人货币重回市场，个人可以根据自己的财富共识选择货币。数字货币与法定货币、区域性货币（欧元）共同竞争，相信美元的人继续使用法定货币，相信欧元的人使用欧元，相信数字货币的人则使用数字货币。

其次，数字货币是解决通胀问题的另一种尝试。

很多人说，私人银行会引发通胀和金融乱象。但实际上，中央银行及法定货币才是金融危机的来源。与中央银行的计划手段相比，经济学的逻辑更支持自由市场的私人银行来配置货币资源。

最后，数字货币是解决全球化治理的另一种尝试。

如今的全球化秩序是失衡的、失败的秩序，它被国家制度限制了。主要原因是，绝大多数人都没有办法参与到全球化治理当中。数字货币背后的分布式技术及社区自治给个体提供了一个参与全球化治理的方式，只是目前来看这种方式的效果很糟糕。但是，数字货币、分布式网络及社区自治更符合经济全球化的去国家化、去法定货币化及去不平等化属性。国家主义者会阻挠数字货币的发展，就像阻挠全球化一样，甚至会利用这种技术强化国家的统治。

如何有效率地共存是人类共同的难题。迄今为止，自由市场是符合抽象逻辑的成功经验，而数字货币在此基础上延伸到国家制度之外。但，这并不容易成功。

参考文献

[1] 乔纳森 · 休斯，路易斯 · 凯恩.美国经济史[M].杨宇光，等，译.上海：格致出版社，2013.

[2] 亚当 · 斯密.国富论[M]. 郭大力，等，译.北京：商务印书馆，2015.

[3] 米尔顿 · 弗里德曼.货币的祸害[M].安佳，译.北京：商务印书馆，2006.

[4] 黑田明伸.货币制度的世界史[M].何平，译.北京：中国人民大学出版社，2007.

[5] 张五常.经济解释[M].北京：中信出版社，2015.

观历史

历史，如明镜，可自省，可鉴世。读史，令人有清风拂面、豁然开朗之感。

而经济学视角下的历史，就犹如一条曲幽小径，绿意盎然，趣味丛生。以经济学逻辑探寻历史，有时能从另一维度给文化史、社会史、政治史以照映、解读。

美国供给侧革命

1981年8月4日，美国参众两院通过了里根总统的《经济复苏和税收法案》，万尼斯基马不停蹄地赶往白宫，手里拿着一份5页纸的文件，文件上订了一张便条："谨祝取得税法方面的光辉成就。"

万尼斯基将文件交给里根团队核心成员安德森时说："我知道，总统先生忙于减税和预算削减，但现在的问题不是这个。"

安德森接过话说："没错，接下来我们将集中火力在监管上。"

"不不不。"万尼斯基打断了安德森的话，严肃地说，"现在的问题是货币。"

此时，美国经济正在经历大萧条以来最糟糕的时期，一场酝酿和谋划近十年的革命就要到来……

01
迈克1号

1974年底，星期一晚上六点，迈克1号餐厅。

"滞胀的根源是什么？商业？资本主义？制度？"蒙代尔将杯

里剩余的波旁威士忌一饮而尽，然后接着说，“都不是，根源在于政府。政府无节制印钞票就会通货膨胀。政府提高税率，就会伤害资本积累，造成失业。最后，失业是注定的。”

“是的，收的税越多，到手的越少。”坐在边上的拉弗插了一句。

万尼斯基起身往蒙代尔的酒杯里加了威士忌和冰块，并问道：“教授（蒙代尔），你的办法是？”

“组合拳，稳定美元，削减税率。”蒙代尔脱口而出。

“赤字怎么办？”沉默许久的贝利直截了当地问道，手里还拿着半杯马丁尼。

“不用担心，阿拉伯的富人、日本人、联邦德国人，都会填补这些亏空……去迈阿密看看。”蒙代尔的言语开始飘忽，逻辑愈加混乱。不过，大家已经习惯了，这是酒精在起作用。

“教授、阿瑟、贝利、莱尔曼，来，一起。”万尼斯基负责每次在这个时候打圆场。

现场觥筹交错、七嘴八舌，人们醉在夜色之中……

这是迈克1号餐厅的一次普通聚会。这间装饰着黄铜色和红褐色花彩的餐厅位于纽约曼哈顿下区，此时纽约正处于美国证券交易所的阴影笼罩下——股市大跌、高通胀、高失业。

从1974年末到1976年初，这群“酒鬼”大致每月相聚一次，时间都选在星期一晚上六点。

此外，这里还有一群焦虑不安的华尔街人以及慕名而来的华盛顿人。他们“坐在绒革扶手椅上，靠着椅背喝上一杯，又或者走进排骨餐厅”，点上一份“梦想”，“仿佛未来数年的交易单都摆在眼前”（罗伯特·贝利原话）。

在迈克1号聚集的这群“不法分子”“华尔街新星”“极有前途的财经界年轻骄子”，试图向滞胀发起唐 · 吉诃德式的攻击。只是当时他们无法预料到，这群不靠谱的人最后居然会成功，否则定然会有人把迈克1号买下并收藏起来。

后来，人们给这群人及其“胡言乱语”起了一个名字，叫“供给学派”，而他们这次行动被称为“供给侧革命”。

发起这场革命的人包括罗伯特·蒙代尔、阿瑟·拉弗、裘德·万尼斯基、罗伯特 · 贝利，还有查尔斯 · 帕克、卢 · 莱尔曼、杰弗里 · 贝尔。

其中，帕克经营投行，几人聚餐基本都是由他买单。贝尔是个保守的政治活动家，刚从越南回国。莱尔曼是位出色的药店创业者，后来在上东区成立了莱尔曼研究中心，并主持聚会。

贝利个子比较矮，戴着厚厚的眼镜，衣着朴素整洁，是这一组织的牵头人。他是一位非常成功的媒体人，那年刚满37岁，却掌控着全美发行量最大的商业报纸——《华尔街日报》的社论版。他出身中产家庭，是个土生土长的中西部人，言谈举止从小受到严格训练。他嘴里总是对常青藤的媚俗表示不屑，认为中西部人更加严谨和善于思考，但却在报社雇佣了不少常青藤高才生。与万尼斯基的滔滔不绝不同，贝利言语不多，甚至惜字如金，文章言简意赅，文风犀利。

贝利浸淫华尔街多年，长期与年轻经纪商、高管打交道，具有非常高的新闻敏感度。在滞胀爆发这两年，贝利发现，大批年轻人都对政府的“降低预期”这些无用的新名词感到十分厌烦，他们希望听到新的声音。

出于职业敏感，贝利开始四处寻找批判者、怀疑论者，把他们召集在一起，在迈克1号喝着马丁尼、吃着牛排，针砭时弊、指点江山。

贝利意识到他必须找个得力的助手，于是将才华横溢的万尼斯基招入麾下。

万尼斯基比贝利小一岁，皮肤黝黑，黑色衬衫和白色领带是他的标配。他是华尔街新闻圈有名的“地头蛇”。他也出自中产家庭，在加利福尼亚大学获得了新闻学博士学位，同时也沾染了一身西部牛仔的狂野气息。

1962年，万尼斯基开着别克Riviera、穿着Lame套装来到了《国家观察员报》编辑部，副驾驶座上还坐着一位拉斯维加斯的长腿歌女（他的妻子）。

万尼斯基刚来编辑部报到那天，同事们试图用美式办公室恶作剧捉弄这位散发着东欧内陆气息的“工人子弟”。一位同事告诉他，隔壁有个迷路的拉美客（其实是道琼斯的首席执行官沃伦·菲利普，该报当时是道琼斯旗下的政治刊物，由《华尔街日报》发行）。结果，万尼斯基请菲利普出去喝了一杯威士忌后，与这位最大的领导搞好了关系。从那时起，万尼斯基在华尔街新闻圈这方寸之地大显身手，将其无与伦比的情商以及挖掘“明日之星”的敏锐天赋发挥到了极致。

万尼斯基对经济学一无所知，但他爱读书、交友和高谈阔论，热衷于刨根问底。贝利将万尼斯基调到《华尔街日报》社论版。万尼斯基加入贝利的报社后，两个人都住在临时宿舍，每天下班吃完晚饭后，一起在曼哈顿下区散步。万尼斯基嘴里总是滔滔不绝地谈古论今。

迈克1号是这场供给侧革命发起的根据地，贝利是总策划，万尼斯基是联络员、活动家，他们掌控的《华尔街日报》则是革命宣传机、动员机、播种机。

另外两位——蒙代尔和拉弗——是灵魂人物，也是这个团队中相对靠谱的“重量级人物”。

拉弗，34岁，担任过联邦政府财政部预算员，是这群人中看起来最正常的。他稍显矮胖，衣着整洁，笑容灿烂，但是这些外在特征显然极具欺骗性。他爱讲荤段子而不能自拔，肩膀上时常都停着一只奇异的鸟，完全是滑稽做派。他更是在1978年的加利福尼亚抗税运动中大出风头，以至经常出现在记者圈的饭局中。

蒙代尔是拉弗的老师，42岁，出生于加拿大，刚刚来到哥伦比亚大学经济学系任教，但早已在学术圈享有盛名。他虽然是七个人中最年长的一位，却是一副过时的嬉皮士做派，长发披肩，打扮怪异，身穿彩装，全身上下都透露着叛逆气息，完全没有学院派教授的风范。这位来自加拿大的教授，说话含糊，用词飘忽，吐字间或夹杂加拿大口音。他经常酒过三巡后才借酒发挥，奇谈怪论频出，热闹的讨论经常因此而冷场，因为人们经常听不懂他到底在说什么。因而供给学派的批判者们喜欢嘲笑蒙代尔的理论来自“酒精中毒”。

蒙代尔富有才华，天生喜欢出其不意。一次，贝利赶稿时紧急求助于他关于国际货币系统的问题，而蒙代尔则先念了一段教皇的诗，然后才借题发挥。可以确认的是，这次蒙代尔没有喝酒。

蒙代尔与拉弗二人亦师亦友、师徒情深，一起并肩作战了一辈子。作为经济学教授，蒙代尔追求本质，理论完整，富有“浪漫主义”革命家的气质；拉弗侧重于经验主义，擅长数据分析，更像一位学者型实干家。

放荡不羁的万尼斯基在华尔街圈能量很大。早在1971年，在拉弗担任尼克松总统预算员期间，万尼斯基就因传达政治通告而结识了拉弗，后来拉弗又将蒙代尔介绍给了万尼斯基。到了1974年滞胀危机时，贝利、万尼斯基积极邀请蒙代尔、拉弗这群老饕到迈克1号聚餐。

这两位“重量级人物”的加盟，逐渐吸引了一群华尔街交易商以及年轻人驻足于餐厅，并点上一杯威士忌安静地听教授们高谈阔论。蒙代尔和拉弗很快统治了整个迈克1号。万尼斯基在聚会时充当司仪的角色。他招呼各位老饕，为他们点牛排、倒酒，还有一个重任就是努力不让蒙代尔教授“信马由缰”地发言，然后将教授的“胡言乱语”翻译给听众。

这群老饕除了一致否定当时联邦政府的经济政策外，还对一项政策一致投反对票——戒酒令。贝利喜欢马丁尼；万尼斯基不挑且酒量最好；蒙代尔是众人皆知的“酒鬼”，他喜欢喝上两口威士忌后开始表演，中间还会不停地发出伴着酒精味的粗喘声，人们听不懂他的话时，总会将其归为酒精作用后的一派胡言。

有一次，尼克松的顾问团干事来做客，午饭前这群人干了三杯只加冰块的两份波旁威士忌，吃饭的时候又喝了一杯单份波旁威士忌，整个过程没有一句废话。这就是那个时代的旧商务风格。只点金巴利和苏打水或干白的都是被人看不起的懦夫，几乎没有男人点过冰茶。

这是真实的“70年代秀”，社会开放、民主、自我、疯狂、叛逆，充斥着威士忌、毒品、性、摇滚、迪斯科、嬉皮士和“重金属味”。

但是，正是这群无党派分子，“迪斯科学术分子”，华盛顿、华尔街以及新闻界叛逆者，拯救了深陷滞胀泥潭十年之久的美国。他们几乎都在40岁以下，自发地聚集在迈克1号。

这间餐厅，在1874年还是华尔街第二梯队的一间狗窝，如今也已经不复存在，但当时却是这场革命的策源地。

这群老饕是如何寻求政治支持，又如何拯救这个国家于危难的呢？

02
“我时代”

美国演员、“新新闻主义之父”汤姆·沃尔夫称20世纪70年代为“我时代”。

哲学家克里斯托弗·拉什指出“我时代”的根源——“高通胀促使人赶紧花钱，催生一种只顾当下的‘自恋’心性”。[①]

自1973年石油危机爆发开始，通胀率快速飙升，人们赶紧花钱，又不停借钱，货币需求被放大，美联储又印发更多美元。通货膨胀率和杠杆率越来越高，美国经济陷入“自我膨胀”的负反馈。

面对恶性通胀，美元持续贬值，全球投资者惊慌失措。诺亚方舟在哪里？救命稻草又在哪里？

人们最终发现，最靠得住的是地球。地球给人类最大的馈赠除了阳光雨露之外，还有大宗商品。每到人类自己玩过火时，大宗商

① 克里斯托弗·拉什：《自恋主义文化》，陈红雯、吕明译，上海：上海译文出版社2013年版。

品都是雷打不动的硬通货。大量资金投向黄金、石油、天然气、土地，一夜之间地球的馈赠变得极为稀缺，价格飞涨。

此时，苏联计划经济本已走到崩溃的边缘，但是“沙文主义”霸占的大片领土以及地下的矿产资源，再一次拯救了这个国家。苏联的矿井开足了马力，石油源源不断地输出，美元从天而降。

有了美元撑腰，苏联将手伸到了阿富汗、越南、拉美、非洲。而美国此时已经完全丧失了大国气象，股市大跌，市债违约，美元贬值，资本外逃，经济停滞，通胀居高不下，失业率攀升。

1972年至1973年，鸡蛋上涨49%，物价“扯蛋”之后便“鸡飞蛋打”，鸡鸭鱼牛羊猪等飞禽走兽都“蹦了起来”，肉类整体价格上涨了25%。

得克萨斯一个农场主将4万只鸡活活溺死在水塘，令全国电视观众目瞪口呆。原因竟是当时家禽价格不够高，还无法获得补贴。

1973年4月，顶半边天的家庭主妇发起了一场为期一周的全国抵制肉类运动。1973年10月，石油输出国组织（欧佩克，OPEC）会议召开，尼克松政府将通胀责任归到阿拉伯人身上。随后，科学家与学者推出了一个“传统”的替罪羊——厄尔尼诺。

10月20日周六晚，尼克松滥用职权对司法部进行“大屠杀”，震惊全美；31日，众议院启动对尼克松的弹劾程序。

尼克松总统是凯恩斯主义的拥趸。“我如今在经济上是一个凯恩斯主义者，”1971年，他对《纽约时报》说，“我正准备将美元贬值。”他根据菲利普斯曲线，通过美元贬值来降低失业率，然后通过物价操控来控制通货膨胀。

这看起来似乎两全其美，但尼克松花了一整年的工夫强控物价，“冻结”食品价格，结果物价失控，自己深陷“水门”。

1974年5月，物价同比增长11%，经济持续走低，失业率持续走高。

这时候，人们挖出了一个“气象播报员”——20世纪60年代约翰逊政府时期的CEA（白宫经济顾问委员会）主席亚瑟·奥坤的统计数据。奥坤模仿气象温度和湿度表示舒适度指标的做法，将通胀率与失业率结合，创造出一个“经济不舒适指数”。这个指数从最初的6涨到了此时的18。人们调侃说，这已经不是“不舒适”了，然后将其改称为“痛苦指数”。

整个漫长的70年代，美国两届政府都在忙于强行控制物价，阻挠工会加薪，控制消费欲望。学院派经济学家和政府经济顾问，每天除了“惭愧”就是争论，希望民众给他们多一些时间。

萨缪尔森则将60年代英国一位政治家发明的一个合成词——“滞胀”搬了过来，准确地形容了当时特殊的经济现象，但也无比打脸。此时，讨论经济问题俨然成了“全民娱乐”，当然其中少不了调侃萨缪尔森。而在经济学界，一场严肃的“群殴运动”正在酝酿。

在滞胀爆发之前，萨缪尔森是全球经济学界的领袖，他领导的新古典综合学派风光无限。这个学派的理论大旗便是著名的“菲利普斯曲线”，这个曲线告诉我们，高失业与高通胀不可能同时存在。

菲利普斯曲线原本是新西兰经济学家威廉·菲利普斯发明的。后来经过萨缪尔森和汉森改良，被命名为“菲利普斯曲线”，而萨缪尔森借此名声大噪。

萨缪尔森不但提携后辈，还将菲利普斯曲线纳入新古典综合学派作为“镇山之宝”。他用菲利普斯曲线直接明了地告诉政府官僚、货币当局以及整个经济学界，要想降低失业率，增加通胀即可。两党候选人如获至宝，认为终于化解了失业这个最难的政治考题，使菲利普斯曲线在整个60年代一枝独秀。

但是，此时高失业、高通胀并存，被凯恩斯主义压制了几十年的新自由主义怎么会放过如此良机？于是，各门各派、各山各洞倾巢而出，一场恶战不可避免。

反对者中，最具代表性的是弗里德曼。这位个子不高的经济学家用理论、数据、经验埋葬了菲利普斯曲线，几乎凭借一己之力踩着菲利普斯登上了70年代的主流经济学顶峰，在百花齐放、百家争鸣的时代为货币主义安营扎寨。

而菲利普斯，这位来自澳洲的经济学家，被萨缪尔森顶在最前面，曾经享尽荣光，此时也受尽委屈。这群新自由主义者把所有的怨气都撒向了菲利普斯曲线，对菲利普斯实施了一顿“群殴暴打”。菲利普斯实在吵不过这群跃跃欲试、急于“篡位”的美国佬，后来他返回并长居清静无争的故乡澳洲，开启了自己的新课题——研究中国经济。

但是，主流经济学家的“神仙打架”普通市民看不懂，也不关心，只想摆脱这种糟糕的境地。

“我疯狂如陷地狱，我受够了！”1976年的《电视台风云》发出了民众心中的怒吼。

受“口红效应”影响，大量市民涌进了电影院，在电影中沉醉、麻痹与自我安慰。《金刚》《星球大战》《飞越疯人院》《教父》《机场》《驱魔人》《大白鲨》《杀人蜂》《火烧摩天楼》《超世纪谍杀案》等世界末日及惊悚电影爆红，缔造了那个辉煌的大片时代。

永不服输、力挽狂澜以及个人英雄主义是美国电影每一个时代的不朽主题。从电影院走出来的民众，对黑板经济学家（科斯曾批评萨缪尔森为“黑板经济学家”）的陈词滥调早就厌烦不已，渴望存在一个“洛奇式”英雄（《洛奇》，1976年），不问出处，敢于挑战，拯救美国。

迈克1号这群难登大雅之堂的“江湖郎中”就像洛奇，人微言轻，学术根基尚浅，甚至没有资格参与“群殴”菲利普斯的运动，偶有惊人之语也遭人嘲讽。

1971年，作为一名预算官员，拉弗对当年国民生产总值的预测在华盛顿掀起了一阵风暴，整个华尔街新闻圈都在讨论这个来自管理预算处的年轻人。当时还是《国家观察员报》记者的万尼斯基给他打电话，从此二人谱写了一段伟大的友谊篇章。

在华尔街干这行以来，万尼斯基差不多每天都见得到各种“大人物”，但是当见到拉弗时，他像个孩子，抓住拉弗不放，问了一大堆问题，譬如“供给和需求的规律是什么”。“都是些很傻的问题。”万尼斯基后来回忆说。

但因这番预测言论，拉弗遭到了当时最顶级的经济学家萨缪尔森的残酷打击。有一次，在芝加哥大学经济学系讲台上，萨缪尔森甚至使用了“为什么大家都笑拉弗”这样嘲笑式的标题。

当时，台下一名马丁·安德森的学生回忆说：“萨缪尔森的演讲，尤其是标题，十分残忍无情，足以摧毁年轻学者的学术声誉。……当日他在芝加哥对拉弗所做的一切都是非常典型的学阀作风。”①

蒙代尔早已在学院派中脱颖而出，但是与拉弗一样不受学院派待见，更不要说得到政府幕僚的赏识。

早在肯尼迪政府时期，蒙代尔就曾向美联储提出过建议，却遭

① 布莱恩·多米特诺维奇：《供给侧革命》，朱冠东、李炜娇译，北京：新华出版社2016年版。

到后者以及国际货币基金组织高管的非议。

事实上，“供给经济学”一词本源便带有讽刺的意味。喜剧演员本·斯坦因曾在《春天不是读书天》中调侃过“供给主义”。1976年，在一次经济学界重量级会议上，他的父亲赫伯特·斯坦因——一名经济学家、联邦政府顾问，一名忧心预算赤字的共和党员，构造出“供给侧财政主义者”一词——非常不屑地说，这种理论只有大概两个信徒，而且三番五次来华盛顿，试图发展蒙代尔和拉弗的官僚信徒。

万尼斯基最开始听到“供给侧财政主义者”这词有些不快，但等他反应过来时又立即称赞这个说法精妙无比。万尼斯基思来想去，将其修改了一下，变成了“供给经济学”，与凯恩斯学派的“需求经济学”（基于有效需求不足而建立的凯恩斯主义）针锋相对。

而“供给经济学”一词可谓传神至极，似乎暗示着专治凯恩斯式政策留下的后遗症。

所幸的是，那是一个自由狂热的“我时代”，每个小人物都有机会如迈克尔·杰克逊般“太空起舞”，抑或像“魔术师”埃尔文·约翰逊般“一球成名”。

1974年，美国经济陷入滞胀的第二年，这群由嬉皮士、酒鬼、“地头蛇”组成的供给学派，自发聚集在迈克1号，在高谈阔论、烂醉如泥中出发了，带有几许“洛奇式”英雄色彩，也有一点“教父”（《教父》，1972年）般的浪漫主义。

03
沧海遗珠

蒙代尔，是这群老饕中理论成就最高、最成熟的一位。

蒙代尔在经济学方面天赋异禀，他23岁便获得麻省理工学院经济学博士，29岁发表了只有8页的《最优货币区理论》，并因“最优货币区”这一理论获得1999年诺贝尔经济学奖。欧共体根据该理论创立了欧元，蒙代尔也被誉为“欧元之父”。

1963年，蒙代尔发表了划时代论文——《固定和弹性汇率下的资本流动和稳定政策》。这篇论文论述了在全球开放经济体制之下，货币和财政政策在浮动汇率环境中如何变化。

令人感到奇怪的是，当时处于布雷顿森林体系之中，几乎所有国家的货币都与美元锚定，极少有经济学家关注浮动汇率的状况，为什么蒙代尔会研究浮动汇率呢？蒙代尔此举，就好比在一夫一妻制下研究一妻多夫制，有什么意义呢？

后来，蒙代尔自己回忆说，20世纪50年代，他的家乡加拿大采用了布雷顿森林体系的规则，兑美元汇率有所调整，这启发他关注浮动汇率。另外，特里芬难题的提出，让他意识到维持布雷顿森林体系的艰难性。

1971年，尼克松宣布美元与黄金脱钩，布雷顿森林体系解体，世界进入浮动汇率时代。历史演变体现了蒙代尔的远见卓识，同时也意味着属于蒙代尔的时代来了。

1971年4月，蒙代尔在意大利博洛尼亚全球通货膨胀大会上，用意大利语向全世界最顶尖的经济学家阐明了他的主张。

蒙代尔提出大拇指原则（丁伯根法则），即一目的一政策。“央妈”干“妈”的事，“财爸”干“爸”的事。货币政策最适合控制美元流动，税收政策则重在调节经济活动，二者组合起来便可以扭转乾坤，即维持物价稳定和大规模减税。

这就是解决滞胀的组合拳政策。

会上，他预言了未来十年会出现经济灾难。

其实，蒙代尔的大拇指法则和稳定物价的主张，与德国弗莱堡学派创始人瓦尔特·欧根的货币政策有限原则有着异曲同工之妙。

但是，当时大部分经济学家的思维和思想都还停留在布雷顿森林体系时代。面对被浮动汇率和信用汇率搅乱的世界，学院派难以适应，不知该如何构建新的游戏规则。在场的经济学家们，自然也就无法理解蒙代尔的主张。

“蒙代尔，你在搞笑吗？货币紧缩与减税二者往相反的方向走，如何解决赤字问题？”哈佛大学的经济学家哈伯勒问道。

蒙代尔认为，境外资金能打破货币紧缩与减税之间的矛盾。

哈伯勒大惊，说：“你是不是疯了？”两个人由此吵了起来，蒙代尔则说哈伯勒像鹦鹉学舌。

会后，媒体给蒙代尔起了一个绰号——圣塞巴斯蒂安（中箭太多）。

一个月后，普林斯顿经济系系刊《国际金融文集》发表了蒙代尔的演讲稿，题目为《美元与政策组合：1971》。多年后，经济学家们发现了这一篇被忽略的重要文章。

蒙代尔不仅对开放经济体下的经济政策驾轻就熟，还以历史案例为自己的理论做背书。

蒙代尔认为，美国历史上有两个时期印证了他的政策组合：一是“咆哮的二十年”（20世纪20年代，柯立芝繁荣），二是20世纪60年代的繁荣。

1914年，美国在“一战”中获得大量的黄金储备，刚成立一年的美联储接到了管理国际黄金标准的艰巨任务。结果，贪婪的美联储居然打破了黄金标准，大幅度抬高美元，导致美国通胀率快速上升。

1916年物价涨了13%，1917年涨幅为18%，1918年涨幅为20%，远远超过20世纪70年代的水平。1920—1921年美国经济在大衰退中严重紧缩，美元价格下跌了60%，失业率高达12%。

这是一种典型的先快速通胀，后立即紧缩导致经济停滞的现象。弗里德曼用紧急“踩刹车”来形容这一不当的措施。

1920年，沃伦 · 哈丁当选总统，任命匹兹堡银行家安德鲁 · 梅隆作为他的财政秘书。梅隆上任推行了大幅度的减税，边际税率上限从73%降到了25%，下限降到了1%；同时，建议美联储以稳定物价为目标，而不是盲目紧缩。

蒙代尔认为，是梅隆的措施催生了供给经济学，即维持物价稳定+减税刺激的政策组合。

另外，蒙代尔还将20世纪60年代的繁荣归因于供给经济学的政策组合。

1962—1965年，营业税和个人所得税都被削减，这一政策刺激了经济增长。虽然当时蒙代尔在学术上开始崭露头角，也提出了政策组合，但是毕竟他才29岁，距离决策层还很遥远，没有人会将政策效果与他联系在一起。

但是到了1965年，约翰逊总统提出雄心勃勃的“大社会”计划，并试图增加税收。1965年到1969年，联邦支出总共增加55%，每年增加11%，而在此之前的三年里每年支出仅增加2%。

约翰逊总统试图让美联储为财政部埋单，但他开始并没有把握，毕竟按照联邦法律，美联储主席不会听命于他。

这一年，美联储主席马丁提高了利率。约翰逊把他叫到了“一间柴房”，向他说明为什么美联储要按总统的吩咐去做。

马丁回去后完全照做，在他任期内，联邦基金利率几乎就没有跑赢不断上涨的通胀率。

后来，美联储历史专家、经济学家亚兰·H.梅尔泽揭了自1951年就主持美联储的马丁的老底。马丁以自己的学术人格揭示了一个似是而非的“事实”：美联储是联邦政府的内部部门，是政府意愿的执行者。

“美联储必须想办法补贴预算赤字。国会和行政部门设定预算，美联储就成了国会的代理人。他（马丁）认为不大幅提高利率就没办法补贴赤字。”梅尔泽说道。

约翰逊的“大社会”计划和对越战争，大大拖累了政府财政预算、税收的增加，酝酿了20世纪70年代的滞胀危机。

拉弗则从理论渊源上为供给学派背书。拉弗认为，供给学派是对古典主义经济学传统理论的推演。他告诉贝利：“萨伊定律……就是你的信仰。”

萨伊认为，供给决定需求，企业只生产市场需要的产品。新产品涨价，旧产品自然降价，如此平衡，可以实现无通胀增长。

供给学派提出了“回到萨伊”的口号。

相对地，奥地利学派和古典主义认祖归宗都相当有高度：前者找到了天主教思想，古希腊、古罗马以及西班牙黄金时代的经院哲学家；后者则找到了基督教（新教）思想和牛顿的宇宙观。

足以看出，供给学派在理论修为、学术套路、系统构建方面远逊于奥地利学派和古典主义。

蒙代尔和拉弗师徒二人还确立了供给学派的粗浅框架，共同拿出了一份治理滞胀的方案。但蒙代尔依然长期游离于学院派之外，就像经济学界的“沧海遗珠”。

幸运的是，这枚宝贵的“遗珠”被万尼斯基发现。

04
“正是减税好时节”

1974年5月，拉弗与万尼斯基一同参加了美国企业协会举办的一场通胀峰会，与会者都是当时经济学界的翘楚，当然也包括蒙代尔。

会上，蒙代尔再次重申了他的经济政策：“石油收入确实积累得很快，但它回流到国际资本市场的速度也同样很快，而且还容易造成融资规模扩大。”

蒙代尔没有明确回答的问题是，庞大的石油收入是否会很快流入西方银行和投资账户并投入生产。

他无法保证这一点，当时美元贬值压力越来越大，大量资本外逃，美元在国际上的地位越来越低，许多欧洲人像拒绝空气币一样拒绝美元。

在伦敦，一位来自纽约的旅客说：“这里的银行、旅馆、商店都一样，他们看到我们手里的美元时流露出的神情，好像这些美元携带着病菌一样。”在巴黎，出租车上挂着“不再接受美元”的牌子，甚至乞丐也在自己的帽子上写着“不要美元”。

蒙代尔认为，问题在于西方国家的投资环境不好，主要是税率太高。他说：“如果减税，没错，就是减税，流入阿拉伯的所有石油收入，就能转化为西方世界的实际投资和扩张。”[①]

在这次大会上，拉弗也发表了讲话，并将万尼斯基介绍给蒙代尔，万尼斯基第一次见到蒙代尔，就将其当作图腾一样来崇拜。

会后，三个人约好一起讨论。正在拉弗和蒙代尔侃侃而谈时，万尼斯基的新闻天赋爆发，他闭嘴聆听，同时拿起画笔画出了这两位经济学家。几个星期后，这幅略带仓促草率的画刊登在了《华尔街日报》社论版。

此后，万尼斯基、拉弗、蒙代尔三人经常聚在迈克1号，另外还有贝利以及其他一批常客。万尼斯基积极操办聚会，专心听讲、记录，时不时提出一些问题。万尼斯基的好问、好学以及天赋，逐渐使其成为一名专业的“媒体经济学家”。

1974年12月，在插入这幅画之后，万尼斯基推出了属于他的专栏——“华尔街日报经济学”，用了一个应景而吸引人的标题“正是减税好时节”。

“正是减税好时节”系列文章，阐述了过去几个月内从蒙代尔那里学到的东西，每篇文章都由蒙代尔检查并校对之后才发表。

聪明的万尼斯基在短时间内吸收了蒙代尔自1961年以来关于政策组合的理论，并凭借其天才般的春秋笔法，很快将蒙代尔的主张以浅显易懂、逻辑清晰的方式告知广大读者。

---

① 布莱恩·多米特诺维奇：《供给侧革命》，朱冠东、李炜娇译，北京：新华出版社2016年版。

其中一篇文章写道，“美国税收水平已阻碍了经济增长……国家经济被税收扼住了咽喉——它窒息了”，“为了阻止通胀，你需要增加而不是减少商品”。

万尼斯基的“正是减税好时节”完美地总结了蒙代尔的政策方案，告诉美国人：以减税刺激“生产”积极性；以货币政策收紧美元供应，以减税确保人们持有更为稀缺且价值因此升高的美元；观察外资在减税下的反应，调节货币紧缩的效果。

供给学派依靠蒙代尔这位大师，教出了一位“首席执行官”（拉弗）、一群政府政策制定及执行官，当然还包括两位“媒体经济学家”（万尼斯基、贝利）。

1974年秋，万尼斯基把从蒙代尔那里学来的东西倾囊告知贝利。而执着于预算平衡的贝利，一直对政府预算赤字表示忧虑。迈克1号聚会最大的价值就是转变了贝利的思想，在迈克1号喝下无数杯马丁尼后，贝利逐渐皈依供给学派，并于1977年1月写下了《凯恩斯已死》的社论。

自此，贝利控制的《华尔街日报》社论版开始毫无顾忌地“鼓吹”供给学派。在迈克1号，蒙代尔的表现收获了一群铁粉，而在《华尔街日报》上，每周都有200万的读者在阅读“正是减税好时节”：

“如果不减税，政府的赤字可能会更大。”

“减税造成的财政赤字，可以通过吸引国际资本来弥补。”

万尼斯基反复教导读者：美国人希望借大宗商品避险，熬过通胀，而国外投资者希望借助美元熬过通胀。只要美元升值，强大起来，“全世界将会疯狂抢购以美元计价的资产，特别是美国财政部债券。这样国内流动性问题和财政赤字问题自然迎刃而解”。

文章发表后，“正是减税好时节”反馈如潮。到了1975年春，蒙代尔的政策组合已在华尔街金融圈中口口相传。所以，自“正是减税好时节”开始，《华尔街日报》在全美掀起了一股供给侧思潮。到了20世纪80年代，不少年轻学者都加入了这场运动中，并以“供给经济学”之名发表自己的主张，供给经济学及这群老饕名声大噪。

万尼斯基天生为大场面而生，他犹如打了鸡血，心潮澎湃，激情四射，打算趁热打铁，在欧文·克里斯托的《公共利益》上推出了一篇加长版的“正是减税好时节”，来为这个系列压轴。这篇文章以优美的文风，展现了蒙代尔和拉弗两位经济学家的主张，标题为“蒙代尔—拉弗假设”。

“美国正在经历一场经济噩梦。”万尼斯基开篇就对官方的经济政策及智囊进行了一番声讨，“美国的顶级经济学家们口口声声要对经济进行‘精准调控’……很明显，学界一直与经济一样置身于危机之中。”[①]

“六年里，尼克松将剑桥和芝加哥的经济医生们开出的所有抗体一股脑全部注入了抽搐的经济病体，然而生命体征却一再恶化。尼克松先生成了凯恩斯主义者，‘完全就业’预算就此成立。赤字既是蓄谋，也是意外。”

“招数使尽，很多人开始疑惑：病情是否真的那么重？药方又是否加重了病情？”[②]

万尼斯基似乎感知到，蒙代尔、拉弗、贝利，还有他，当然也包括其他老饕，正在用舆论的力量，掀起一场未知的革命。

---

①② 布莱恩·多米特诺维奇：《供给侧革命》，朱冠东、李炜娇译，北京：新华出版社2016年版。

05
“餐巾纸曲线”

1974年，正是迈克1号聚会开始之时，国会这些顽固幕僚居然开始松动，要推行减税。一名退役的职业足球球员杰克·肯普——年轻的国会议员，提出了一项减税议案。当时国会幕僚保尔·克莱格·罗伯特负责该议案的修改。

拉弗和贝利意识到：必须尽快行动，争取盟友，打入内部。

万尼斯基在发表“正是减税好时节”几个月前，已经开始策划行动。

他八面玲珑、耳目众多，与福特总统的幕僚唐纳德·H.拉姆斯菲尔德及其副手理查德·切尼交往甚密。

8月，福特总统入主白宫后便被凶猛的滞胀搞得焦头烂额，而3个月后将面临国会选举。万尼斯基意识到机会来了，他找到拉姆斯菲尔德说，自己有一计可助总统先生赢得国会选举。

但是，忙得不可开交的拉姆斯菲尔德没把万尼斯基的话放在心上。直到国会选举大败而归之后，他才想起了万尼斯基。12月，拉姆斯菲尔德授意切尼来到距离财政部两条街之遥的两大洲餐厅，会见万尼斯基和拉弗。

拉姆斯菲尔德早在尼克松担任总统时期就认识拉弗，并称赞他为“天才”。拉姆斯菲尔德向万尼斯基保证：“你们尽管大胆向切尼提出方案，我会一字不漏地转告给总统先生。”

在两大洲餐厅里，饭局过半，拉弗一直反复地强调政府需要减税。但是，切尼并没觉得有什么新奇之处。他说：“总统已经计划减税，具体办法是向纳税人一次性邮寄退税支票，数额或为100美元。”

拉弗打断了切尼：“不是退税支票，而是降低税率。”

切尼说：“降低税率，政府财政收入会减少，风险太大。”

拉弗立即否定了切尼的主张：“降低税率不会减少财政收入，还会带来更多收入。”

看到切尼似懂非懂、一脸茫然，着急的拉弗拿起吧台的一张餐巾纸，掏出钢笔画了“半个麦当劳曲线”（据贝利所述），竖轴是税率，横轴是财政收入。

拉弗指着餐巾纸说：“如果税率过高，超过顶点，财政收入就会减少；降低税率，收入反而会增加。”

这就是著名的“拉弗曲线事件”。

然而，这次会面后不久，福特政府很快向纳税人寄出了退税支票。显然，拉弗和万尼斯基的想法落空了。

此时，只有两个人见过“拉弗曲线”。

直到4年之后，万尼斯基在他的畅销书《世界如何运转》中，以浓墨重彩的笔法精彩地描述了这段故事，“拉弗曲线”才为世人所知。

这是供给学派唯一的著名历史事件。

但这件事情，让拉弗极为懊恼和难堪。全美都从万尼斯基的书中看到了拉弗当时的举动，经济学家们因此将“拉弗曲线”讽刺为“餐巾纸曲线”，以说明其理论的肤浅。反对者经常将“餐巾纸曲线”界定为供给学派的诞生标志，以说明这个学派的经验主义。

拉弗回忆说，我不知道我是否失礼了，是否弄脏了两大洲餐厅的可爱餐布，以此来表达心中的无奈。

此次失利后，减税法案经过国会几番辩论，获得了一些年轻议员的支持，这也促使负责修改法案的年仅35岁的罗伯特声名鹊起，知名度很快超过蒙代尔和拉弗。

但是，不论是当时学院派经济学家，还是白宫、国会，都不支持大减税。供给学派的主张，距离核心决策层还很遥远。

不过，可喜的是，通过《华尔街日报》的宣传，越来越多的人（包括国会成员）接受了供给学派的主张，至少是减税主张。

到了1976年3月，大约有200位“供给侧财政主义者”，除了迈克1号里的那群人外，还包括公共选择学派创始人布坎南。另外，国会山上还有几十个“信徒”，他们逐渐形成了一小股“减税势力”，其中为首的是肯普议员。

3月15日，“肯普法案”在国会中已经获得106人支持。

06
“一蹶不振”

1977年1月20日，杰米·卡特入主白宫担任总统。

但是，卡特总统执政这几年，美国经济堪称灾难。

1978年，通货膨胀率为8%，失业率为6%，经济失调指数为14%；1979年通胀率升至11%，失业率为6%，经济失调指数升至17%；1980年通胀率升至14%，失业率升至7%，经济失调指数高达21%。

1977—1979年，预算赤字在400亿~600亿美元，1980年则高达740亿美元。

根据罗伯茨当时所言，经财政部证实，通胀率每10个点能够为政府带来16.5%的收益增加。但是，如此之高的通胀率，都无法弥补财政赤字，债券市场濒临崩溃。

1980年2月，贝利在《华尔街日报》社论版写道："债券商裸露的伤口将华尔街变成了一条血色的河流。""交易员通常认为极其缓慢变动的债券价格目前正处于'自由下坠'的过程中……这是自大萧条以来首次出现的情形。"

当时卖得最火的书都是灾难来临的书籍，最畅销的如霍华德·J.拉夫的《如何在即将到来的灾年实现繁荣》(1979)、道格拉斯·R.凯西的《危机投资：在即将到来的经济大萧条中会出现机会和利润》(1980)，都预言大萧条"即将到来"。

1978年，国民的耐心被阴魂不散的通胀和无所作为的政府磨光了。卡特总统无奈地签署了一份支持减税的《税收法案》，削减了增值税税率。

同时，芝加哥学派领袖罗伯特·E.卢卡斯在一次著名的演讲中对传统经济学做了深刻的反思：当前商界学者面临的任务是整理经济灾难留下的残骸，然后判断在"凯恩斯革命"这一著名的学术事件中，哪些是可以保留和派上用场的，哪些又是必须抛弃的。

1979年7月15日，卡特发表了著名演讲——《一蹶不振》。

"总统先生，我们日子难熬。我们只想谈血汗和泪水。"

卡特在演讲中如此陈述民众意见。

"我们对（石油进口）的过度依赖，已经极大地损害了我们的国家和国民。"

"这就是我们现在面对的通货膨胀和失业状况加剧的原因。这种对国外石油的过分依赖，威胁着我们在经济上的独立性以及国家的重大安全。”

卡特将通胀归结于国民过度消费和过度贪婪，以至于严重依赖石油，才被阿拉伯人牵着鼻子走。整个20世纪70年代，美国联邦政府都在告诫人们，要缩减需求、节制消费。

《一蹶不振》演讲结束4天之后，卡特要求整个内阁13名成员全部辞职，这是历史上前所未有的美国总统对高层的洗牌。

清理完“不听话”的班子成员，卡特急于招兵买马，他首先找到了美联储主席威廉·米勒来担任财政部部长。

如此一来，便需要立即找一个美联储主席人选。身边的财政部副部长安东尼·所罗门向总统推荐保罗·沃尔克，但总统的回答是：“保罗·沃尔克是谁？”

沃尔克是一个身高6英尺①7英寸②的大个子，时任纽约联邦储备银行主席，是一位出色的华尔街金融家；曾在尼克松任总统时期任财政部副部长，推动尼克松总统宣布美元与黄金脱钩，导致布雷顿森林体系解体。

1979年7月24日，沃尔克受邀到白宫会见卡特总统。在一个小时的会面过程中，大部分的时间都是沃尔克在讲话。离开白宫之后，沃尔克对自己说，“他永远不会把这个职位给我”，但没想到第二天，卡特亲自打电话让沃尔克就任这个职位。

卡特为什么选择沃尔克，至今仍是个谜。卡特的回忆录《忠于信仰》对这一“标志性措施”一字未提。只是从《一蹶不振》中可以看出，他在任的日子里一直渴望“美元的声音”更加非同凡响。

---

① 英尺：长度计量单位，1英尺=30.48厘米。

② 英寸：长度计量单位，1英寸=2.54厘米。

沃尔克不受任何理论约束，不属于货币主义，也不属于供给学派，他坚持实用主义，且以手腕强硬著称。上任第一个月，在美联储内部，沃尔克提高利息率的方案以4：3获得通过。1979年底，随着通胀强势延续，国际社会对美国的声讨接踵而至，联储成员全票赞同“立即加息”。

当时，美国通货膨胀率创下了历史纪录，且依然凶猛上窜。沃尔克第一次“小试牛刀”，发现市场没有反应。

1979年11月，就在国会选举的两周前，通胀“老虎”以惊人的速度往上窜，在十万火急之时，卡特通过电视发表全国讲话，强调将通过行业价格及薪资管制来应对“大通胀”，而减税只能居于次席。

事实上，卡特在这一年忙于调解劳资纠纷，而贝利则批判这一政策的愚蠢（《树倒猢狲散》），获得了普利策奖。

1980年，孤注一掷的沃尔克一口气将联邦基准利率提高到12.5%。

沃尔克在回忆这段历史时曾说过：“如果1979年以前有人告诉我，我会当上美联储主席并且把利率提升到20%，我肯定会凿个洞钻进去大哭一场。”

07
关键年：1980年

1980年是关键的一年。

当时，经济学界、国会、白宫接受了减税主张，供给学派具有了相当的影响力和感召力。拉弗、贝利提前就已谋划扶持供给学派成员参与这一年的总统大选。

不过，1978年12月，斯泰格尔的离世让供给学派方寸大乱。无奈之下，他们只能将肯普推向前台，让其携《肯普—罗斯法案》，角逐总统职位。

但是很快，肯普就放弃了。老布什、里根、康纳利和安德森都试图参加竞争，肯普知难而退。

为了能够在白宫最高决策层中占有一席之地，拉弗心生一计，决心辅佐里根上台，并让肯普担任副总统。

于是，拉弗设了一个局，在洛杉矶的家里举行了一场聚会，请了里根、肯普以及一些朋友来吃饭。饭后，拉弗支开众人，让肯普和里根两个人留在小屋子里。

“先生，我很欣赏你。我的目光始终追随着你。你是我心目中的英雄，是我行动的榜样，甚至是我生命般的存在。先生，我想说的是，我将参加竞选，我会命令在此期间争取到的所有议员，在选举日到来之时为你投上一票。”

“杰克（肯普），到时你得这么说。”拉弗提前再三叮嘱肯普。

里根和肯普在小屋子里只待了不到半个小时就出来了。

“杰克，你按照我说的那样做了吗？”

“哦，没有，亚瑟。我说不出来。我只是告诉他，我绝对不会对他不利。我会尽一切努力支持他。”

“杰克，你当不上副总统了。他不会选一个胆小鬼担任自己的副总统……他怎么会和一个没有斗志的人共事呢？”拉弗非常懊恼，压抑着心中的怒火。

当然，拉弗不会放弃里根，实际上二人渊源颇深——当年拉弗还在斯坦福大学读研究生时，就预言里根会当选加利福尼亚州州长，后来的事情正如拉弗所料。经过拉弗的努力，他成为里根的好友。

里根也绝对不会放弃肯普及供给学派的助力。他的竞选经理人约翰·西尔斯早就发现了《肯普—罗斯法案》对选民的吸引力。

1979年1月，肯普提交的《肯普—罗斯法案》获得了国会通过。通过后，罗斯像一位来到幼儿园的喜盈盈的父亲一样，掏出雪茄分给各位同事和员工。肯普在“铁锈地带”、西部都具有了相当的名义支持率。

西尔斯努力将里根贴上供给学派的标签，并以肯普方案作为竞选施政纲领的核心。里根每一次竞选演讲，第一个说的就是减税。但是，其竞争对手老布什则讽刺里根沉迷于“巫术经济学”（供给经济学）；卡特总统仍然拒绝以减税作为自己的首选主张。

1980年11月4日，里根以大众投票10个点以及选举团440票的压倒性优势，击败了卡特、老布什，成功当选总统。

竞选成功后，里根让洛杉矶大猎头彭德尔顿·詹姆斯在过渡期间帮其招募团队。

按理说，凭借拉弗与里根的私交，以及《肯普—罗斯法案》，里根核心团队成员应该少不了供给学派。

但是，万尼斯基干了一件让供给学派所有努力几近毁于一旦的蠢事。

1980年4月，正值总统竞选激烈紧张之时，万尼斯基被《乡村之声》设套，发表了不当言论，几乎让里根对整个供给学派失去了信任。

在这次采访中，万尼斯基说，里根得依靠肯普才敢参加竞选活动。记者问：“你是极端分子吗？”他回答：“我们都是。”他甚至还说，《肯普—罗斯法案》的构思是他的功劳。

拉弗、罗伯茨以及里根团队都极为气愤。“《乡村之声》事件”后，供给学派逐渐疏远了万尼斯基，直到他2005年去世。他也就此失去了加入里根团队的资格。

在战斗最关键时刻，大将身负重伤，令人很是懊恼……

“这真是太糟糕了，万尼斯基曾经为知识革命的经济方面做出了如此大的贡献，使其开始扩展到全美乃至全世界其他国家和地区。”里根团队核心成员安德森非常遗憾地说。

罗伯茨曾经告诫万尼斯基，他的所作所为可能会威胁到供给学派在国会中的地位：“你所有的想法，都充斥着过多19世纪的浪漫情怀。”而万尼斯基却反击说：“我们会将你献祭给革命事业。”

这就是万尼斯基作为革命者的偏执与狂热。

不过，万尼斯基显然不会就此罢休，为了保持影响力，他组织成立了“影子内阁委员会”，主要目标是支持莱尔曼担任财政部部长。

08
里根计划

詹姆斯拟了一份考察名单，其中供给学派的热门人物莱尔曼是财政部重要职位的候选人。

为了争取机会，莱尔曼立即写了一封信交给肯普以及肯普在众议院中最值得信赖的盟友斯托克曼（供给学派）。莱尔曼在信中直截了当地指出，当所有人的目光都放在减税上时，美国最糟糕的地方却在金融市场——股票、债务和信贷市场正处于即将崩溃的状态。建议新任总统尽快采取一切行动，避免国家陷入金融灾难之中。

这封信让斯托克曼大受启发。不久，里根经济顾问团队首次在洛杉矶召开会议，斯托克曼立即写了一篇文章，让肯普复印数份分发给会场上每一个成员。这篇文章的标题触动人心——《避免敦刻尔克式经济》。文章指出，如果不像当年英国人一样撤退，尽快让通胀消失，金融市场将面临崩盘的危险。此时，距离里根总统任职不到10周。

斯托克曼说道："里根总统将面对完全失序的信贷及资本市场，不仅利息率高得吓人，会对经济政策信号反应强烈的市场心理也一触即发。"

文章最后还提出政府应该立即全面且广泛开放监管政策："立即终止这一切，包括1981年乘用车尾气排放标准……未经证实的5mph①保险杠标准……柴油颗粒标准……汽车噪声标准……永久性终止。"

斯托克曼还表示，政府要在1981年削减500亿美元开支。

在场的经济顾问一致认为，斯托克曼和肯普并非危言耸听。事实上，通胀已经失控，金融危机阴影重重。肯普散发的斯托克曼这篇文章，在很大程度上为供给学派争取到了进入里根团队的机会。感恩节当天，也是这次会议结束的11天之后，里根邀请斯托克曼到财政部预算办公室。

斯托克曼立即组建经济预测团队，其中财政部任命的供给学派

---

① mph全称是mile per hour，是速度计量单位，表示英里/小时，俗称"迈"，1迈=1.609344千米/小时。

成员有图瑞、罗伯茨、斯蒂芬·恩廷等，他们也是预测团队的非正式顾问。为了巩固该团队，斯托克曼招募了一位新人——年仅32岁的约翰·拉特里奇。

拉特里奇才华横溢，擅长计量经济学模型，深受蒙代尔的影响，并逐渐成为一名供给学派的拥护者。

很快，拉特里奇根据蒙代尔—弗莱明模型构建了“供给学派热力学”模型。在这个模型中，拉特里奇预测，紧缩货币和减税政策将促使新的资本进入市场，“大约数万亿美元的资产转入债券、证券和股票市场”，这样通胀就会消失，紧缩问题也将得以解决，真实货币需求再扩大，也挽救了资本市场，甚至可能迎来大牛市。

拉特里奇将其概括为“美好场景”。

实际上，拉特里奇模型是蒙代尔以及供给学派理论最为翔实的学术论证。后来的历史证明，这位年仅32岁的新星确实预测到了20世纪八九十年代那场气势恢宏的大牛市。

但是在当时，也就是1981年一二月份，事情并没有朝着拉特里奇所说的“美好场景”发展。相反，过高的失业率、糟糕的金融市场，尤其是快速扩大的财政赤字，让与会者对供给学派模型的信心发生了动摇。

“在那个决定性的晚餐会议上”，与会者们手上拿着各项数据，其中一项是“可怕的赤字”。作为财政部官员的斯托克曼等，或许可以接受高失业率，但是无法接受如此巨大的财政亏空。而拉特里奇只建模型，无法预测，更无法保证政府财政不会崩溃。

理论体系的不成熟导致供给学派走到权力与政策的门口时开始分裂，不久之后，拉特里奇离开了财政部，回到了加州。

“那是最后的晚餐。”贝利回忆称。

这就意味着，供给学派的纯理论在政策实际及权力抉择面前不断被打折扣。

1981年3月，斯托克曼—韦登鲍姆预测替代了拉特里奇模型，成为里根计划的减税政策核心。

涵盖10-10-10边际所得税削减、自由折旧、限制监管、预算限制以及紧缩货币政策的《经济复苏和税收法案》逐渐浮出水面。它预测1986年，减税政策的执行将造成1620亿美元的收益减少。这一差额由削减开支、经济增长、储蓄增加和资本回流来填补。

华盛顿媒体称之为“美好场景”。但是，罗伯茨并不看好这一场景，认为“这种夸张的政策，是一种不负责任的表现”。罗伯茨也明白，这里面是许多利益博弈、纠缠的结果。

斯托克曼在他的回忆录《政治的胜利》一书中，对此颇有影射：

“基础框架基本上是一小撮理论家搭建起来的，罗伯茨、图瑞、恩廷负责每一方面的工作，万尼斯基、拉弗、肯普以及莱尔曼都参与进来了……当时大家都是革命者，包括我自己在内，根据供给学派发起的革命进行预测。不能怪到任何人头上。”

实际上，供给学派在里根计划中的作用并没有想象中那么大，《里根减税法案》与《肯普—罗斯法案》相去甚远。格林斯潘等经济常委才是在里根计划中起到了重要作用的人。这群老道的预测者并不相信通胀会立即消失，对财政赤字的容忍有限。

对于供给学派来说，里根是唯一的选项，但对于里根来说，供给学派只是可选项。

里根竞选成功后，超过70位主要经济顾问为其效劳，其中包括“八大领军人物”，他们分别是大名鼎鼎的弗里德曼、西蒙、格林斯潘、保罗·麦克拉肯、阿瑟·伯恩斯、乔治·舒尔茨、卡斯帕·温伯格以及默里·韦登鲍姆。他们都是传统经济学家，且负责主持各任务小组，每天都在对主要经济问题进行处理。

卡特竞选的策略是集中炮火攻击里根计划中的减税方案，他指责减税导致通货膨胀，称之为“肯普—罗斯通货膨胀”。后来，这些领军人物更相信卡特的判断，而不是供给学派。

后来事实正如拉弗所料，“前演员明星看不上前足球运动员”，里根任命老布什作为副总统，而放弃了肯普，并很快任命了曾经担任美林证券CEO十余年、华尔街经验丰富的金融家雷根担任财政部部长，而不是莱尔曼。

供给学派，其实并未真正进入里根团队的决策层。

1981年3月30日中午，一名叫约翰·欣克的歹徒将左轮手枪对准了华盛顿希尔顿饭店外的里根。里根肺部中枪，所幸救治及时而快速恢复。

这场失败的暗杀行动为里根带来了巨大的民意同情和政治资本。

7月27日，里根在电视上讲话，为减税方案造势。在讲话中，他身后是一幅大的图表，直观地告诉市民，新税法执行后人们会得到什么利益。这一图表的制作者恩廷在电视机前看到里根演讲时，异常兴奋。

8月4日，国会参众两院通过了《经济复苏和税收法案》。13日，里根在他位于加州的农场里签署了这部法案。

但是，在《经济复苏和税收法案》生效之后一年，美国经济经历了自大萧条以来最糟糕的时期。最坏的消息是该死的菲利普斯曲线又重现江湖，降低了14个点的通胀，换回了3个点的失业，失业率飙升到9.7%，经济失调指数高达21，联邦利率达21%。

这一年，国内劳工失业人数达1100万人次，其中“铁锈地带”

的钢铁工人失业情况最为严重。实际上，至此，东北亚—五大湖工业区注定成为悲剧，“铁锈地带”的破败不堪与华尔街的纸醉金迷，成为美国社会近30多年来最明显的裂痕。

但是，真正震惊里根团队的是惊人的政府赤字。在1981年9月，政府财政赤字高达790亿美元，超过了卡特时期最糟糕的赤字状况，政府遭到了外界的严厉批判。

随后，里根政府发起了“九月进攻”行动。这次行动让供给学派大跌眼镜，里根政府一改竞选时削减支出的态度。他在电视讲话中称：“我们都知道，如果政府不再大肆举债以弥补赤字，利息率只会呈下降趋势并且保持该趋势。”

里根在之前的预算削减计划中，排除了国防开支。这一次，他以国防部需要130亿美元（筹谋星球大战计划）为由，要求增加税收。他对外公开说：“我将很快督促国会通过新的议案，以消除对税法的滥用以及过时的激励政策。”

这就意味着，减税法案还没真正实施，里根已经开启了他的第二计划。这或许是里根自己都始料未及的，抑或是政治的一部分。

里根团队里的格林斯潘、伯恩斯、沃克都支持通过减少税收来减少赤字，而不是巨额赤字货币化。

1982年堪称“庸医年”。供给学派部分成员已经失去了信心，罗伯特辞去了财政部部长助理一职。

在告别词中，他说：“此次经济衰退始于1981年的下半年……由于其被称作里根经济政策，这一经济学说的试验最终失败可能演变为重要的历史事件。这是一种对荒唐情形的误读。”

9月，《税收公平与财税责任法》获得通过，造就了美国历史上最大的税收增加。这一法案令图瑞感到屈辱而辞去了财政部副部长一职。此后，财政部中唯二确定的纯供给学派人士只有恩廷和副助理部长曼纽尔·约翰逊了。

里根刚入主白宫时，请了一批经济学家来讲课，第一个便是拉弗。当拉弗说到“税率高于某一值时，人们就不愿意工作”时，里根兴奋地站起来说：“对，就是这样。在第二次大战期间，我正在‘大钱币’公司当电影演员……拍完了四部电影后我们就不工作了，到国外旅游去。”

而“九月行动”之后，拉弗一直怀疑里根是否想真正全面减税，或者只是想给富人减税。拉弗还因此向里根抱怨，遭到了后者的责骂。

09
“现在的问题是货币”

1981年8月4日，就在国会参众两院通过《经济复苏和税收法案》的当天，万尼斯基马不停蹄地赶往白宫，并将一份5页纸的文件交给里根团队核心成员安德森。在这份材料上还订了一张便条：“谨祝取得税法方面的光辉成就！”

在“《乡村之声》事件”之后，不甘失败的万尼斯基依然保持着在华尔街练就的敏锐。万尼斯基深得蒙代尔的真传，他非常清楚政府下一步该做什么。

这篇文章的标题为《现在的问题是货币》。他反复对安德森说：“现在的问题是货币。”临走时，万尼斯基叮嘱安德森：“请务必找时间读完这篇文章，要了解供给学派在货币方面的讨论，（这一点）非常重要。”

万尼斯基宣称，供给学派的目标不会低于里根政府（以及美联储）的承诺，将走上一条通往美元可兑换的道路。

此时，抗击通胀已经到了关键时刻，沃尔克一鼓作气将利率加到惊人的22%，通货膨胀仓皇而逃，CPI大跌10个百分点。1982年第一季度，价格年度增长率仅为2.1%，全年为6.2%，结束了连续3年两位数的通货膨胀，这也是里根计划取得的第一个标志性成就。

“房地产公司的老板们每天都来拜访我，”沃尔克回忆道，“他们不停地询问这一切何时才能结束。”另一个利益受损的群体是美国农民，还不起贷款的农民们将卡车开进华盛顿，堵在美联储总部的门口，咒骂沃尔克的信件雪片般飞来。

沃尔克以一种“与世界为敌”的勇气和手段，将困扰美国十年之久的通胀打压了下去，不愧是美利坚的英雄，被人们称赞为“最伟大的美联储主席”。格林斯潘则赞誉沃尔克为“过去二十年里美国经济活力之父”。

但是，沃尔克的成功应该归功于蒙代尔领导的供给学派，还是弗里德曼领导的货币主义？

1973年，货币主义权威艾伦·梅尔泽成立了影子公开市场委员会。这个团体由12名货币主义权威组成，每年就当前的美联储和白宫经济动向讨论两次。

1978年，国会通过了《汉弗莱·霍金斯法案》，要求美联储照顾就业率目标。

此时，迈克1号聚会已转移到莱尔曼研究所，研究主题发生了变化，从减税转向了货币政策。

蒙代尔认为，美联储一直有一个错误的观念，即除了稳定价格外还要干预经济。蒙代尔希望美联储变得简单，只维持价格稳定即可（大拇指法则），不需要照顾就业率目标，否则会有极大的麻烦。

蒙代尔批评，货币主义最大的问题是失去了对物价的控制，反而关注货币总量。

实际上，早在芝加哥大学时期，蒙代尔与弗里德曼就针对这个问题进行了无数次的辩论。弗里德曼欣赏蒙代尔的创意但不认同其主张，蒙代尔则视弗里德曼为偶像但坚持己见。

争论的核心在于：货币政策目标到底是货币总量，还是物价稳定？

弗里德曼推动美联储从利率目标转向数量目标，但是问题在于，当时大量的资金从银行流出然后注入大宗商品、土地、耐用品等，美联储根本不知道市场上到底需要多少货币，或者说需要多少真实的货币。

真实货币需求像球体的实心，不真实需求是覆盖在实心上的泡沫。在通胀时期，民众试图获得更多贷款以抗击货币贬值，货币需求量不断增加。而新增加的货币需求并非真实的需求，更多的是炒作资金，原本实心的部分也更多流入金融空转。这样一来，如果通胀加剧，实心不断收缩，球体不断膨胀，将加剧金融空转，导致泡沫崩溃。

事实上，要了解货币市场的真实需求量非常困难，大量资金用于投机炒作、金融空转，而不是实体投资或商品交易。

问题的关键是把“多余”的货币去掉，扩大实心，减少不真实的需求，脱虚向实。

按照弗里德曼的做法，根本无法分清哪些是真实的需求、哪些是不真实的需求。断然提高利率或减少货币供应这种暴力去杠杆的办法，只会把好杠杆和坏杠杆同时去掉。货币紧缩，也会加剧实体缩小趋势，导致一些好杠杆因资产规模缩小而陷入债务螺旋。

蒙代尔根据“大拇指原则”提出，美联储只负责维持物价稳定，央行不能忙成“央妈”，也不能把“财爸”的事情给干了。但是，光依靠货币政策是无法实现这一目标的，需要“财爸”的配合。“财爸”减税可以刺激经济增长，从而弥补货币紧缩带来的损失。

“通过减税刺激经济实体的增长，将引起对贷款的充分需求，实现在更高利息下的真实货币扩张。”

“实际输出的增长引起对真实货币需求的增加，从而助长将真实货币扩张吸收进非通胀的经济体中。”

万尼斯基在那年秋天致信沃尔克:“你差一点点就做到了。”“你应该开始认真考虑修正自己在财政政策方面的立场，并且让米勒做好准备，构思出高效有序的减税政策。”

沃尔克的回答则是，自己正抽出周末的时间阅读《世界发展之路》（万尼斯基作品）这本书。

贝利对沃尔克的做法表示支持，他发表社论称：“美联储实施的抗通胀政策，是十多年来最有希望的经济政策，清楚地显现出遏制通胀的决心。”

其实，关于货币政策，供给学派内部此时也出现了分裂，万尼斯基、蒙代尔、莱尔曼坚持恢复黄金本位。财政部供给学派官员认为，美联储奉行弗里德曼的货币主义政策会更好。拉弗则支持沃尔克在美联储的主张及工作。

蒙代尔以控制物价为目标的方法，本质上是让市场去配置资源，而不是人为干涉供给总量。这是供给侧革命的核心。

1983年，通胀率下降至3.2%，之后两年均在4%左右，1986年降到1.9%。

通胀率的下降程度和速度，远远超过了朝野、幕僚们的预测。

此时，拉特里奇的“美好场景”开始出现：大量投资从高通胀的商品转向股票、债券、货币基金等低通胀的金融资产，一场前所未有的大牛市正在拉开序幕。

1982年10月，道琼斯指数从8月的770涨到了1000，这简直是神话般的故事。通胀水平也开始下降，同时国际资本开始大量进入美国市场。

这预示着漫长而痛苦的滞胀时代结束了吗？

1982年冬天，美国经济乃至世界经济进入历史性的拐点。1982年之后25年间，美国经济年增长率达3.3%，与“二战”后25年间的增长水平相当。1983年，GDP增长率为4.5%，1984年高达7.2%，以至于统计专家大呼经济过热，呼吁美联储出手调节，1985年为4.1%。

桑特在《纽约书评》中如此称赞：“里根当选总统，意味着空中再次弥漫如麝香般芬芳的利润。”

就这样，里根大循环，莫名其妙地形成了……

10

曲终人散

美国经济这奇迹般的复苏，很好地诠释了“黎明前的黑暗”这句话。这轮超级大牛市就是在最痛苦的时候开启的，这大大超出了经济学家的预料。

滞胀到底是怎么消失的？经济为什么复苏？

贝利写了一本书，叫《七个大肥年》。他说："1983年至1989年是'七个大肥年'，经济失调指数下降到10以下。"

贝利在书中强调了带领美国经济在20世纪80年代走向复苏的三位英雄：大学辍学者（比尔·盖茨）、另起炉灶的工程师（技术创业）和非法移民（人口）。

关于这个问题，蒙代尔最有发言权。

早在20世纪60年代，蒙代尔加入布鲁克林研究所后就撰写了一些文章，并给出了答案：

"在美元标准下，美国货币系统就和现在一样，每年都会生出一笔钱。"

"美国拿一部分，外国人拿一部分……也就是说，美国将部分货币卖到国外，反过来却得到了真正的资源……如此一来，它就拥有了其他国家没有的资源……也就是戴高乐所说的'嚣张特权'。"

"更准确说，这是美国的极大优势。"

其实，里根大循环是一种全球化的金融资本主义秩序，以强美元、强金融、高赤字、高债务为核心。

在这个国际性的大循环中，强美元占领了制高点，美联储成了全球性央行，按照美国国内市场目标向世界抽取铸币税。

经济复苏之后，拉弗曲线没有被历史证明，而赤字成为华盛顿首要的政治问题。只要强美元，则必然高赤字。

1982年9月，联邦赤字再次飙升至1280亿美元。1982—1989

年，美国联邦预算赤字总额累计为1.4万亿美元，平均每年达1760万亿美元，是卡特政府时期的3倍多，而且没有任何收敛的迹象。如今，美国政府赤字已经高到吓人的程度。

在强美元的支撑下，美国投资银行业迅速发展，创造了大量金融衍生品，债券这一昏睡巨人觉醒，形成发达的融资市场。其中，30年期国库长期债券成为美国政府融资的保障。

实际上，通过国际性的金融市场来调节美元配置才是这场供给侧革命的核心所在。

“联邦政府从日本借到1万亿美元，然后举办了一场盛宴。”在1985年《广场协议》签订之后，华盛顿媒体如此嘲笑道。

所以，蒙代尔无数次对他的学生说：“蒙代尔—弗莱明模型不适合发展中国家，它们没有发达的金融市场和强势货币。”

在迈克1号，贝利无数个夜晚都在问蒙代尔同一个问题：“谁来为减税买单？”

蒙代尔的回答是：“沙特阿拉伯。”

1999年12月，在斯德哥尔摩的诺贝尔奖颁奖典礼上，蒙代尔成了当晚的主角。按照惯例，他应该发表一篇“重要”演讲。

“我不仅要革经济学的命，还想革历史的命！”

此话一出，众人惊讶，不过下面的经济学家们很清楚，这“很蒙代尔”。他给自己的致辞起了一个非常不谦虚的标题——“20世纪的再审视”。

“本世纪多数政治事件均源自少有人知的国际货币体系混乱，而这些反过来又是美国崛起的产物，也是金融机构和美联储犯下的错误。”

“如果大型中央银行坚持价格稳定政策而不是黄金标准，就不会发生大萧条，也不会出现纳粹革命，更不会爆发第二次世界大战。”[①]

…………

蒙代尔这篇“自负”的演讲，带着批判，也带着情绪，似乎在发泄半辈子的不满和牢骚。

在当晚参加典礼的老相识中，除了贝利，迈克1号的20世纪70年代老饕们还剩下谁？迈克1号餐厅今何在？谁还记得万尼斯基？或许更多的人只记得他有个长腿歌女老婆。

在这经济学最高荣誉的颁奖盛宴上，作为主角的蒙代尔百般寂寥。何不潇洒玩脱，纵情高歌一曲？

那就来首“故乡的云”+“在路上”——他的老乡加拿大安大略本土作词家保罗·安卡的《我的路》——为自己的学术生涯，为当年的“老饕们”鸣一不平吧！

蒙代尔这一玩脱的举动，无疑是给予供给经济学的最高赞礼。

所有的荣光、委屈、挣扎、感慨，都在其中……

贝利曾经自豪地说：“从1974年开始，这个伟大国度就发挥了自我愈合的能力。”

其实，自北美开埠以来，这群清教徒一直用“杰斐逊式”的方式，叙述着同一个从“五月花号”延承下来的故事，人人都可以参与，不论你是嬉皮士、“金毛狮王”、酒鬼，还是“地头蛇”。

他们就像自组织，因国家有难或共同信念自发地走到一起，掀起一场狂热的革命。

等曲终之时，则各自散尽。

2008年，全球经济危机爆发……

---

① 布莱恩·多米特诺维奇：《供给侧革命》，朱冠东、李炜娇译，北京：新华出版社2016年版。

拉弗拄着拐杖说："我准备拍去盔甲上的灰尘，再次重上战场。"

参考文献

[1] 布莱恩 · 多米特诺维奇. 供给侧革命[M]. 朱冠东，李炜娇，译. 北京：新华出版社，2016.

[2] 米尔顿 · 弗里德曼，詹姆斯 · M. 布坎南，托马斯 · J. 萨金特. 欧美经济学家论供给侧[M]. 武良坤，译.上海：上海财经大学出版社，2018.

[3] 艾伦 · 布林克利. 美国史[M]. 陈志杰，等，译. 北京：北京大学出版社，2019.

滞胀经济学：先抗通胀，还是先刺激经济？

通货膨胀不算可怕，经济衰退也非世界末日，但滞胀是最难缠的经济灾难。

所谓滞胀，指经济停滞或衰退、企业倒闭、大量失业，以及通货膨胀持续高涨同时并存。滞胀危机爆发，意味着市场失灵，经济政策陷入两难。

若单是经济衰退或停滞，短期内可以做需求调节，通过扩张财政来增加投资需求以刺激经济复苏；长期来看，市场也有自我调节及修复的功能。

若单是通货膨胀，短期内可以紧缩货币，降低货币规模，压低通货膨胀。

若经济停滞与通货膨胀同时出现，市场短时间内失灵，经济政策左右为难——如果扩张货币或财政以刺激经济复苏和就业增长，会恶化通货膨胀；如果紧缩货币及财政以打压通货膨胀，会导致经济进一步衰退、失业增加。

人类近代历史上爆发了百余次经济危机，但出现经济持续萧条的情况极少，著名的有20世纪30年代的大萧条以及20世纪90年代的日本经济萧条。各国历史上也出现过一些恶性通胀，比如“一战”后的德国、“二战”时期的中国以及如今的委内瑞拉。

滞胀危机的历史则比较罕见。典型的是20世纪70年代美国持续的滞胀危机。这场危机导致美国陷入长达十年左右的滞胀泥潭（比大萧条的时间还长），日本、英国及西方国家也曾受此困扰。当时美国集中了一批最杰出的经济学家，但他们面对滞胀无能为力。尼克松、福特、卡特三任总统尝试各种经济政策，但都无功而返。

在大萧条之前，经济危机普遍源于市场失灵、供求失衡。但凯恩斯主义登台之后，经济危机尤其是20世纪70年代美国这场空前的滞胀危机，被认为是人为干预所致，即长期的凯恩斯式的经济政策积累的毒瘤，导致经济停滞及通货膨胀同时爆发。

他山之石，可以窥探反思；亡羊补牢，不如未雨绸缪。滞胀危机，病来如山倒，病去如抽丝。是时候重视物价和失业了。

01
重返美国滞胀时代

货币潮水来袭，冲击了楼市、股市，而后冲垮了经济的最后一座堡垒——生活物价；经济衰退持续，蔓延到消费、投资，而后压断了民众最后的一根稻草——大众就业。

如此，物价高涨，失业高企，滞胀危机爆发。

“二战”后，美国及西方国家经济经历了持续的高增长，日德两国快速复苏。在布雷顿森林体系之下，国际汇率相对稳定。“二战”后20年，西方国家基本上没有爆发较大规模的经济危机。

但是，到了20世纪70年代初，美元这只“灰犀牛”开始迎面奔来。当时联邦财政部主管货币的副部长保罗·沃尔克，向尼克松总统递交了一份修正布雷顿森林体系的报告。

1971年，黄金价格大幅度上涨，美元贬值压力大增，为了抢占主动权，尼克松在戴维营会议后决定关闭黄金兑换窗口，史称“第一次尼克松冲击”。这次冲击导致固定汇率、刚性兑付被打破，世界金融及货币体系大重构。这一根本性的变革甚至影响了今天的世界格局以及中美关系。

同年，联邦财政部预算官员阿瑟·拉弗对当年国民生产综指做出了悲观预测。拉弗的言论在华盛顿及华尔街金融圈掀起了一阵风暴。不过，当时主流经济学家并不认同拉弗的观点，看多主张普遍压倒看空。

当年的经济走向说明拉弗是对的，但此后两年发生的事情，估计远远超出了拉弗的预料。

1973年10月，第四次中东战争爆发。石油输出国组织为了打击以色列，宣布石油禁运，暂停出口，造成国际油价大涨，第一次石油危机爆发，国际原油价格从1973年初的每桶不到3美元，涨到年底的每桶12美元左右。

第一次石油危机爆发导致美国及西方国家物价大幅度上涨，从而引发剧烈的通货膨胀，同时，经济大幅度衰退，失业大增。从1973年开始，美国出现了低增长、高失业与高通胀并存的局面。

1972年至1973年，鸡蛋上涨49%，鸡鸭鱼牛羊猪等飞禽走兽“齐飞”。在石油危机的推波助澜之下，肉类整体价格上涨了25%，美国民众大呼“牛肉自由、鸡蛋自由”。

通胀率在1972年还维持在3.27%，1973年受石油危机影响上涨到6.16%，1974年高达9.2%。1973年，美国失业率整体维持在

5%以下，到1974年底上涨了两个百分点，到1975年则升至8%以上。1973年GDP增速5.64%，第二年断崖式下跌到-0.52%，第三年为-0.2%。

当时，人们喜欢采用约翰逊政府时期的CEA（白宫经济顾问委员会）主席亚瑟·奥坤创立的“经济不舒适指数”来衡量宏观经济状况。奥坤模仿气象温度和湿度表示舒适度指标的做法，将通胀率与失业率结合，创造出一个“经济不舒适指数”。这个指数从最初的6涨到了滞胀初期的18。人们调侃说，这已经不是“不舒适”了，并将其改称为“痛苦指数”。

滞胀刚发生时，美国政治家及主流经济学家都认为是短期现象。普遍的观点是，国际油价快速上涨制造了通货膨胀，打击了国内投资，导致经济短期衰退。

但是，石油危机过后，国际油价逐渐回落，美国通胀却愈演愈烈，失业率迅速上升，经济增速大幅度下滑。这时，美国意识到，滞胀危机并非简单的外部因素所致，而是美国经济体内长期累积的沉疴顽疾集中爆发。

货币主义创立者米尔顿·弗里德曼说：“通货膨胀无处不在，并且总是一种货币现象。”这句话道破了天机，直指美国政府长久以来执行的凯恩斯式经济刺激政策，货币大量超发，导致市场活力衰退，为经济停滞和通货膨胀埋下隐患。

大萧条期间，古典主义跌落神坛，凯恩斯主义崛起，罗斯福凭借新政入主白宫，此后政府开始大举干预经济。“二战”期间，国民经济全面“武装”军事，欧美政府对经济的控制达到顶峰。“二战”后，凯恩斯主义占据了绝对的统治地位，美国长期执行凯恩斯式政策来调节经济。

不过，出于“流动性陷阱”的考虑，凯恩斯并不太信任货币政策，他主张通过财政政策，以向社会借钱的方式刺激投资需求增加。后来，新古典综合学派创始人汉森和萨缪尔森主张相机选择，结合使用货币政策和财政政策，但他们依然更侧重于财政政策。

根据美联储的分权机制，联邦政府无法完全操控美联储，每任总统最多只能任命两位美联储理事，总统对美联储主席及理事有任命权但无裁撤权；总统无权干涉美联储事务，美联储独立于任何政府机构和个人。

美联储与白宫财政部实际上是分开的两条线，包括总统在内，没有任何一个个人和组织可以同时决定财政政策和货币政策。所谓的凯恩斯式政策更多寄托于政府能够掌控的财政政策。但是，如果没有货币发行量配合，财政扩张就容易提高利率，从而增加政府赤字。当时的凯恩斯主义者其实很强调财政预算平衡，对政府赤字极为担忧，这与我们今天对凯恩斯主义的理解有很大的差异。

所以，在20世纪五六十年代，联邦政府所实施的凯恩斯式经济政策的力度还是有限的，财政预算比较良性，货币规模及美元外汇量也比较稳定。

到了1965年，美国约翰逊总统提出雄心勃勃的“大社会”计划，并试图大力增加财政预算和税收。1965年到1969年，联邦支出总共增加55%，每年增加11%，而在此之前三年每年支出只增加2%。同时，联邦基金利率还在提高。约翰逊找到了当时的美联储主席进行会谈。而后，令所有人惊异的是，从此美联储开始下压利率。

从1960年到1965年，美国通胀率都维持在1.6%以下的低水平。但是从1966年开始，通胀率大幅度上升：1966年飙升到3.01%，

1967年回落到2.78%，1968年又反弹到4.27%，此后两年都在5%以上。同时，货币扩张导致美元快速贬值，最终击溃了布雷顿森林体系。

约翰逊的“大社会”计划和对越战争，大大拖累了政府财政预算，税收逐渐增加，边际报酬递减，经济活力下降，通货膨胀隐患重重，酝酿了70年代的滞胀危机。

20世纪70年代的这场滞胀危机，在当时是一种新型的经济灾难。其成因主要是政府对经济的人为干预，表现为财政、货币的过度扩张以及经济管制。

滞胀危机爆发后，尼克松政府依然采用过去的思维，试图再用凯恩斯式政策来调节经济：货币扩张政策和人为控制物价。这无疑是火上浇油。

尼克松总统是凯恩斯主义的拥趸，他曾经说过：“我如今在经济上是一个凯恩斯主义者。”他擅长政治和外交，弱于经济和货币，但他身边有一群擅长研究经济政策的官僚。阿瑟·伯恩斯是尼克松总统的经济顾问，曾经担任过艾森豪威尔总统的经济委员会主席，是格林斯潘和弗里德曼的老师，对尼克松的经济政策影响很大。

从1970年开始，伯恩斯担任美联储主席。由于与尼克松的关系，他被认为是“当代最政治化的”一位美联储主席，过于服从于华盛顿的政治需要。

面对滞胀危机，尼克松总统和伯恩斯共同选择通过美元贬值来降低失业率，刺激经济增长。事实上，在1971年，尼克松宣布关闭黄金兑换窗口，已促使美元大幅度贬值。在浮动汇率下，美元对外也大幅度贬值，国内通胀隐患加剧。

美元与黄金脱钩后，美国政府与中东国家签署了石油国际结算协议，指定由美元作为石油国际结算的唯一货币。这就是我们所说的“石油美元”。但是，石油危机爆发后，油价大幅度上涨，就相当于美元大幅度贬值。这是美国通胀快速上升的直接原因。

尼克松政府试图用货币扩张、美元贬值的政策来刺激经济复苏，降低失业率。但是，货币贬值会加剧通胀。因而尼克松政府采取了第二种手段——管控物价。美联储负责刺激经济增长，联邦政府负责冻结物价压住通胀。这种配合看起来似乎两全其美，但结果适得其反。

长期实施凯恩斯式政策，容易导致施政者盲目干预经济，养成“人定胜天”的思维惯性。人为干预的随意性和傲慢，逐渐取代了法治的必要性和严谨性。

当时，得克萨斯一个农场主将4万只鸡活活溺死在水塘，令全国电视观众目瞪口呆。原因竟是当时家禽价格不够高，还无法获得补贴。1973年，顶着半边天的家庭主妇发起了一场为期一周的全国抵制肉类运动。

尼克松政府花了一整年的工夫冻结食品价格，阻挠工会加薪，批判阿拉伯人贪得无厌，呼吁民众减少石油采购。但这些努力最终都失败了，美国在滞胀的泥潭中越陷越深。

生活物价是国民经济的最后一个堡垒。在扩张性的货币政策之下，货币潮水冲击楼市、股市带来资产泡沫，冲击消费市场则引发市场价格整体扭曲，货币大幅度贬值，经济全面泡沫化。

大众就业是国民生活的最后一根稻草。经济衰退造成企业规模收缩，投资减少，由于工资黏性，企业倾向于直接选择裁员而非降低工资，从而导致失业率骤升。

货币之下暗流涌动、内热聚集，石油、水果、粮食或某些大宗商品价格大涨则容易点燃物价之火，全面引爆通胀，深度打击经济。

滞胀是内热淤积，恶毒难消，中医、西医都不太好使，防患应重于根治。

02
菲利普斯曲线失灵

在扩张性财政政策及货币政策下，随着边际报酬递减，基建投资收益率越来越低，经济失去活力，增速下滑，失业增加。

同时，由于货币长期中性，扩张性政策引发的货币潮水淹没楼市后暗流涌动，一旦被某一外在因素点燃，则可能爆发全面通胀。

凯恩斯式政策便引发了滞胀危机。

滞胀危机爆发后，当时美国主流经济学家、政府经济顾问除了表示“惭愧”外，就是希望民众给他们多一些时间。

但实际上，除了民众已失去了耐心，一群经济学家也已不想给主流凯恩斯主义者时间了。他们跃跃欲试，试图一举将凯恩斯主义者赶下台，夺取经济学的王权。于是，一场火光四射的大辩论、大批判无可避免。

这场大论战，促使人们重新反思凯恩斯主义及其经济政策存在的问题，让人们更加深入地理解滞胀危机，同时给出相应的解决思路。

1978年，芝加哥学派领袖罗伯特·E.卢卡斯在一次著名的演讲中指出，当前商界学者面临的任务是整理经济灾难留下的残骸，然后判断在“凯恩斯革命”这一著名的学术事件中，哪些是可以保留和派上用场的，哪些又是必须抛弃的。即使无从知晓结果，但是可以确定的是，必须重新审视自20世纪30年代以来从未仔细反思过的货币经济学基本问题，同时还需要重新评估发达国家制定货币和财政政策的制度框架。

这场大辩论、大反思、大创新，推动经济学进入百花齐放、百家争鸣的群星璀璨时代。新一代挑战者包括弗里德曼代表的货币主义学派、布坎南代表的公共选择学派、卢卡斯代表的理性预期学派、科斯代表的新制度经济学派、波斯纳代表的法与经济学派、阿罗代表的社会选择学派、哈耶克代表的新奥地利学派以及蒙代尔和拉弗代表的供给学派等。

他们有一个共同的称号，即新自由主义，大本营是芝加哥大学（学派）。新自由主义成功将凯恩斯主义推下王座，打击了新古典综合学派，但也促进了新凯恩斯主义的发展，诞生了如斯蒂格利茨、克鲁格曼等一批新凯恩斯主义者。

当滞胀危机爆发后，以萨缪尔森为代表的凯恩斯主义者感到极为困惑，抑或是不以为然。实际上，凯恩斯主义并不支持滞胀。凯恩斯主义者认为，高通胀、高失业和经济停滞不会同时存在，通货膨胀率增加，失业率就会降低，经济也会增长，而经济停滞、失业率增加时，通货膨胀率则会降低。这就是著名的“菲利普斯曲线”理论。

菲利普斯曲线是由新西兰经济学家威廉·菲利普斯发明的，他在英国伦敦经济学院时（1958年）发表了《1861—1957年英国失业和货币工资变动率之间的关系》。在文中，菲利普斯通过英国的历史数据论证了失业与货币工资变动率存在负相关：失业率上涨，名义工资下降；失业率下降，名义工资上涨。

这个很容易理解，失业增加，市场上的劳动力富余，找工作竞争激烈，公司就会降低工资；而失业减少，公司不好招人，就会提高工资待遇。这是一个正常的市场供求与价格关系。

1960年，萨缪尔森和索洛在《美国经济评论》上发表了《关于反通货膨胀政策的分析》，将菲利普斯曲线纳入新古典主义阵营，并将其包装成为撒手锏般的理论武器。这两位经济学家在文中用美国的数据替换了英国的数据，并用物价上涨率代替名义工资增长率，得出了短期内通货膨胀率和失业率之间的替换关系。

简单理解就是，当通货膨胀率上升时，失业率下降；失业率上升时，通货膨胀率下降。他们将这一理论命名为“菲利普斯曲线”。得到这两位当时最为顶尖的经济学大师背书，菲利普斯名声大噪。

有了“菲利普斯曲线”，萨缪尔森如获至宝，将其树为新古典综合派的大旗，使其以宪章地位存在。新古典综合派可以根据“菲利普斯曲线”，为政府提供凯恩斯主义式的宏观经济政策。政府如果想要降低失业率，很简单，只要提高通货膨胀率即可；反过来，为了治理通货膨胀，难免在失业率上做出牺牲。

在整个60年代，萨缪尔森领导的新古典综合派是凯恩斯主义阵营的绝对旗手，长期占据着经济学的主流地位，“菲利普斯曲线”相当于凯恩斯主义的门面。

所以，长期以来，经济学家都认为，高通胀不可能与高失业、低增长同时并存。当美国陷入滞胀，出现高通胀、高失业和经济停滞并存的局面时，经济学家们也傻眼了。美国政府的政策陷入了被动，平时采用的“菲利普斯曲线”失灵了，按下葫芦浮起瓢，对滞胀危机毫无作用。

因此，滞胀危机的爆发，意味着“菲利普斯曲线”失灵，凯恩斯主义破产。

公共选择学派布坎南认为，在“菲利普斯曲线”的背后，是在所谓的民主过程中，大众欲望膨胀对政治势力扩张的纵容，以及政治势力扩张对大众欲望膨胀的哄骗。演到后面，喜剧就会变成闹剧，甚至悲剧。

买了房子的、炒股的、搞房地产的、搞企业的，都希望政府多发一点货币，这样贷款容易，房价、股价都上涨。而政府希望多发货币来解决自己的财政收入问题，也乐意见到经济表面繁荣、失业率下降，这样更可能获得连任或选民支持，因而很少顾忌后面的通货膨胀和资产泡沫。

理性预期学派的卢卡斯提出了极端的“卢卡斯批判”。他认为，凯恩斯式的需求政策在短期内就会被公众预期到，因而这套老把戏骗不了人。政策被公众预期到后，这个政策就有点像掩耳盗铃，效果自然就不明显，甚至还可能更糟糕，比如大家预期到货币扩张，很可能把钱拿去炒房子、炒股票，导致资金空转、经济泡沫化。

以米塞斯、哈耶克和罗斯巴德为代表的新奥地利学派认为，政府推行凯恩斯主义政策，搞信用扩张，利率下降，商品价格上涨，企业家盲目扩大生产，表面上市场欣欣向荣，但是实际市场需求并没有增加。当信用扩张无法持续时，当杠杆加到极限时，银行收紧贷款，表面的经济繁荣将立即停止，然后陷入萧条，失业增加。

新奥地利学派的结论是，凯恩斯主义政策导致市场受错误利率信号的引导，而做出错误的投资决策。

在这场论战中，弗里德曼对凯恩斯主义的研究最为透彻，不少理论都击中了后者的命门。

1976年，弗里德曼获得了诺贝尔经济学奖。在那个所有经济学家都关注的夜晚，弗里德曼抓住机会在获奖演讲中认真地批判了“菲利普斯曲线”。

弗里德曼说，“菲利普斯曲线”所宣扬的通货膨胀和失业之间的负相关关系只有在短期才存在。物价上涨时，由于短时间获取信息的成本太高，工人和雇主都会产生“货币幻觉”：

工人错把名义工资的提高误认为是实际工资的提高而增加劳动力供给；雇主将产品价格上涨误解为需求扩大从而增加工人雇佣量。长期来看，等到工人和雇主都反应过来时，雇主就会解雇工人，就业则恢复到原来的水平。

弗里德曼的意思是，长期来看，增加货币供应，不会提高就业，只会增加通胀。弗里德曼表达的是货币中性理论，这一理论打中了凯恩斯主义的七寸，抽走了凯恩斯主义整个理论体系的基石。

凯恩斯主义认为，货币是非中性的，货币、财政扩张可以刺激经济增长，降低失业。而弗里德曼断言，用通货膨胀换取就业增加的凯恩斯式需求政策，犹如扬汤止沸，无疑是饮鸩止渴，定会将经济推向滞胀的深渊。

在这场论战中，面对这群积压了30多年怒火的经济学家，菲利普斯实在吵不过他们，于1967年离开英国，返回了阔别已久的澳洲。他在澳大利亚国立大学给自己确立了一个新方向——研究中国经济。

03
滞胀陷入双重困境

新自由主义者抨击萨缪尔森，成为主流，里根与沃尔克改革解决滞胀危机。至此，美国在低通胀中经济持续高增长，楼市、股市迎来史诗级大牛市。

然而，现代货币理论指向通胀而忽视货币数量，滞胀危机解决后，经济泡沫泛起，债务、货币及金融危机屡屡光顾。

糟糕的是，新兴国家或面临滞胀危机与金融危机叠加的复杂局面。

弗里德曼主张的货币中性理论，对凯恩斯的打击很大。目前，不少人都持货币“短期非中性，长期中性”的主张。换言之，扩张性的经济政策短期刺激有效，但长期无效。

财政扩张、货币超发后，随着边际收益递减，投资回报率越来越低，经济增长逐渐乏力，甚至陷入衰退。由于货币长期中性，经济陷入衰退时，因货币超发引发的通胀会愈加严重，导致滞胀危机爆发。

所以，弗里德曼极力主张控制货币发行量。他创立了现代货币理论，提出了单一规则，即央行应该以货币供应量作为唯一的政策工具。弗里德曼认为，居民长期平均消费是稳定的，因此货币供应量增长应该与经济增长保持一致。

当时的美联储并不以控制货币数量为目标，而是以控制价格为目标，即控制利率。在卡特政府时期，尼克松政府时期的财政部副部长保罗·沃尔克被任命为美联储主席。他上台后，与全世界为敌，不顾一切地打压通胀，大幅度提高利率。

沃尔克这种极端做法造成了经济严重紧缩，加剧了经济下行、失业率上升。在沃尔克看来，低增长、高失业与高通胀之间没有两全其美的办法，只能先牺牲经济和失业，把通胀控制住，然后经济才能复苏，就业才会增长。

沃尔克这个主张在当时非常有争议。就连舒尔茨、弗里德曼、格林斯潘等经济学家都认为，沃尔克过度强调低通胀，对经济的杀伤力太大。凯恩斯主义者容忍通胀，弗里德曼等主张温和通胀，但在沃尔克看来，“一点点通胀也是危险的”。

陷入滞胀时，先控制通胀，还是先刺激经济增长？

从尼克松、福特再到卡特三任政府对此都举棋不定，政策反反复复，反而加剧了通胀预期。事实上，不论结果还是理论都证明了，沃尔克是对的，应忍受短期痛苦，先把通胀压住。为什么？

其中的逻辑不难理解：货币是一个经济的稳定器。如果货币大幅度贬值，市场价格则会全面扭曲，市场机制整体失灵，经济陷入混乱、衰退，甚至停滞，大规模失业则不可避免。

货币价格稳定了，市场才能逐渐恢复秩序，消费者、投资者、企业家才能做出相对合理的决策，市场自愈、自我调节的机制才能启动。如此，货币价格稳定，通胀被控制，经济才会上升，就业才会增加。

早在20世纪40年代，德国弗莱堡学派创始人欧根就明确提出过这一主张——货币目标优先原则。他认为，一切宏观经济目标都必须让位于货币政策，货币政策的唯一目标则是保持价格稳定。欧根提出，货币价格稳定是对宏观经济最好的支持。

欧根的这一主张被沃尔克成功地运用到了抗通胀之中。只是在抗通胀这个过程中，货币大幅度紧缩，带来经济下滑、失业增长的痛苦，让人煎熬。

今天我们将解决滞胀危机的功劳算在了里根总统身上，里根改革缔造了所谓的“里根大循环”。但实际上里根的政策效果有限，减税法案也没有彻底实施，放松管制所涉及的行业不多。

成功的关键是沃尔克按住了通胀，对内为美国经济创造了一个稳定的环境，促进市场机制自我复苏，引爆了信息技术革命；对外重新确立了美元的强势地位，一扫1971年布雷顿森林体系崩溃后的颓势，缔造了一个以美元为核心的国际新秩序及金融市场，促使大量国际资本流入美国，创造了几十年的房地产、股票及金融大牛市。

1971年，时任财政部副部长沃尔克终结了美元的统治地位；20世纪80年代，任美联储主席的他又亲手将美元推上王者地位。当时，沃尔克使用了虎狼之药，吸收了弗里德曼的主张，在提高利率的同时，严格控制货币供应量。

不过，当时供给学派的蒙代尔不同意弗里德曼和沃尔克的主张。蒙代尔赞同单一规则，即大拇指法则（蒙代尔的老师丁伯根提出的“丁伯根法则”），但是他认为央行的唯一目标不应该是管控货币数量，而应该是管控货币价格，这个货币价格不是利率，而是物价，即通货膨胀率。

这是货币政策问题的关键，即通常所争论的以价格为目标，还是以数量为目标。

按不同市场划分，货币价格有多种指标：利率、消费物价、外汇、国债、股票、房地产及金融资产价格等。

以价格为目标意味着管控价格，以数量为目标则是管控供给。

在凯恩斯主义时代，央行主要以稳定货币价格中的利率为目标。从沃尔克开始，美联储加入了弗里德曼的数量目标。

蒙代尔则认为，数量目标很难把握，可能会导致货币大幅度紧缩，也可能导致通货膨胀。他的理由是，其实没有任何人知道市场上需要多少货币、谁需要货币、以什么价格成交。

弗里德曼认为，市场的货币需求量是稳定的。弗里德曼的货币数量论延续了费雪方程式和庇古方程式的核心理论，即货币规模由商品交易量决定。

但是，弗里德曼忽视了一个正发生在他身边的革命——金融自由化及投资银行兴起。在20世纪70年代之前，货币主要用于商品交易，而商品交易确实如弗里德曼所言是相对稳定的，因此稳定的商品交易量决定了稳定的货币供给量。

但是，1971年布雷顿森林体系崩溃之后，浮动汇率和信用货币极大地增加了资本市场的套利空间，从而刺激了投资银行大规模崛起。

里根总统推出了一系列措施，促进金融自由化，打破商业银行与投资银行的界限，促进金融混业及投资银行发展。

里根总统在第二任期内，不再信任沃尔克。他先后任命了四名美联储理事，从而掌控了理事会决策权。沃尔克无奈辞职，格林斯潘接任，此后美联储长期保持较低利率，释放大量货币，刺激房地产及资本市场繁荣。

20世纪80年代开始，在金融自由化、信息技术及计算机革命的推动下，美国期货、期权、信托基金、外汇以及各类金融衍生品快速膨胀，金融市场的交易规模远远超过了商品市场，当今90%以上的美元交易都发生在金融市场上。金融产品的价格波动极为频繁，交易频率极高，且不稳定。即使货币供应增加一倍，金融资产价格翻一倍，我们也很难判断，金融市场是否存在泡沫。反推就是很难判断到底需要多少货币量。

正如蒙代尔所言，我们已经无法确定这个市场到底需要多少货币。如果大幅度紧缩货币，可能导致一些行业、企业严重紧缩，而一些领域仍然富余。这就是我们所说的，把好杠杆和坏杠杆一起去掉了。

因此，蒙代尔主张放弃数量目标，激活货币供给市场，市场需要多少货币、谁需要、以什么价格成交，全部交给市场来决定；主张管控货币价格，即消费物价，以通货膨胀为唯一目标。

蒙代尔的说法很简单，央行要做的不是控制货币数量，而是控制通胀，只要把物价压下去了，经济就平稳了，市场机制就会发挥作用。在低通胀的环境中，信贷、国债、股票、房地产、大宗商品等市场需要多少货币，以什么价格成交，都可以由市场来决定。

到了20世纪90年代，西方国家的央行掀起了独立思潮，纷纷采取单一目标制，基本上以蒙代尔所说的通货膨胀率为目标。当今欧洲央行、英格兰央行、日本央行、加拿大央行仍是如此。美联储虽然有通胀率、失业率和金融稳定三个目标，但通胀率是首要目标。

所以，从1983年开始，美联储很好地控制住了通货膨胀。在格林斯潘年代，虽然长期保持较低利率，但是大多数年份的通货膨胀率都维持在3.5%以内。2008年金融危机爆发，美联储执行量化宽松政策，但此后11年，通胀率基本维持在3%以内。

那么问题来了，这么多钱，去哪儿了？

金融市场。里根和沃尔克实际上将美国推向了金融资本主义。

从1982年10月开始，美股开启了史诗级的大牛市，与楼市一起狂奔，直到2007年次贷危机。2008年金融危机后，在量化宽松的刺激下，美股复苏，出现长期慢牛。

为什么会出现这种情况？

除了投资银行兴起、金融自由化外，最主要的原因可以用上面讲到的蒙代尔的货币理论来解释。美联储以及西方央行以通货膨胀为目标，放弃了对货币数量的管控。结果，从1982年开始，通货膨胀率控制得很好，大量货币没有流入消费商品市场，但流入了金融市场，尤其是股票、房地产、外汇以及国债市场。

最近几十年，美国及西方国家处于低通胀环境中，经济快速增长，但金融资产泡沫高企，呈现高增长、高泡沫、高债务并存的局面。简而言之，新自由主义替代了凯恩斯主义，解决了滞胀危机，但是经过几十年积累，货币又在金融市场中膨胀，引发了资产价格膨胀。

2008年金融危机实际上是对新自由主义的理论，尤其是现代货币理论的警告。但是，各主要国家依然采用扩张性的货币政策来刺激经济。结果，最近几年，美国经济复苏，呈现良好的上涨态势，但美股价格已达到一定的高位。美股金融周期见顶，成为实体经济增长的“黑天鹅”。

但最令美国人担忧的，还是不断扩大的政府赤字。从里根政府大幅度扩张赤字开始，美国只在克林顿时代实现了预算平衡，其他时间均出现严重赤字，而且赤字没有收敛的趋势。如今，美国国债已达到了惊人的22万亿美元。

2019年第一季度，美国两党就政府债务上限展开博弈，巴菲特、克鲁格曼以及美联储主席鲍威尔等一批重量级人物大力批判现代货币理论。他们批判现代货币理论只关注通货膨胀，而忽视债务规模，纵容美国政府大规模举债，导致债务风险高企。

如今，美国的金融危机风险要大于滞胀风险。如果央行政策不改变，即在低通胀的环境中，不控制货币供应量，金融持续繁荣，债务型、泡沫型经济就会快速发展，一旦杠杆达到极限，泡沫触发阈值，金融危机（债务危机、货币危机、股市及楼市泡沫危机）就会爆发。然后，循环反复。

这该如何破解？

从根本上而言，需要改变现代货币理论，从政策上改革央行的目标。若对物价、利率以及金融资产价格都加以管控，经济会失去活力；若管控货币数量，也会因为干预货币供给而影响货币市场的效率。具体方案是，在管控通胀的同时，适度管控货币数量。

那么，是否应加上国债以及其他金融资产价格目标？

这个问题实际上已触及当今世界经济问题的灵魂，触摸到了经济学的“圣杯”。

最后，我们再来看看新兴国家。新兴国家的情况可能比美国更加复杂，或面临滞胀危机、货币危机、债务危机以及楼市、股市资产泡沫危机并存的局面，大大超过了现代经济学，尤其是现代货币理论所能应付的范畴。

新兴国家的央行独立性差，大量货币流入房地产、债券以及金融市场，制造了资产价格泡沫，拉丁美洲、亚洲等国的债务危机屡屡爆发。同时，金融市场的脆弱性反过来加剧了货币动荡，频繁爆发货币危机。

长期执行凯恩斯式政策，导致投资边际收益率下降，财政扩张对投资的拉动作用越来越小，经济增速下降；同时，货币扩张导致货币海面下暗流涌动，若遇某一外在因素，如粮食歉收、进口受阻、外汇波动等，则容易点燃物价之火，造成通胀螺旋，引发全面通胀。

通胀与经济失速叠加，就会引发滞胀危机。而滞胀危机再与高房价、高杠杆、高货币（外汇价格）引发的资产泡沫危机、债务危机、货币危机叠加，谁也不知道该如何破解。这种局面实际上就是20世纪70年代的滞胀危机加上2008年的金融危机，或者再加上未来的美国债务危机，这恐怕会难倒亚当·斯密、凯恩斯、弗里德曼三位大神。

大家治学

治学，“博学之，审问之，慎思之，明辨之，笃行之。”

观大家治学，如晨钟暮鼓、拂尘之音，往往雄浑悠远、激荡人心。

而相对其他学科的学者，经济学家们往往更有趣、入世。他们关注一块面包、一棵橘树的价格变动，也痴迷于丝丝入扣、一丝不苟的逻辑推演。

走近经济学家，触碰乐观、理性的人生之光。

经济学家，弗里德曼

本节走近弗里德曼的学术生涯，从职业经济学家的角度，以人类行为的一般性，审视今日经济之问题。

01
幸运人

1912年，米尔顿·弗里德曼出生在美国布鲁克林的一个犹太家庭里。他的父辈来自东欧一个叫作伯里格沙兹的小镇。弗里德曼的父亲、母亲都是19世纪末20世纪初美国移民大潮的成员。

当弗里德曼记事时，这家一路摸爬滚打的“异乡人”已经在美国的新泽西扎下了根。他的母亲曾在工厂当缝纫工人，父亲继承犹太人的传统，做小本买卖、开成衣小店。在这个家庭里，弗里德曼从小过着清贫但还够温饱的生活。

1924年，弗里德曼开始在拉维中学读书。中学里的教育平淡无奇，弗里德曼经常跑到一个公共小图书馆啃书，他几乎读完了馆里的所有书。

1928年，弗里德曼获得了罗杰斯大学的奖学金。这所学校创建于北美独立之前，是美国历史最悠久的大学之一。在这座小而美的大学里，弗里德曼遇到了两位让他受益终生的老师：阿瑟·伯恩斯和霍默·琼斯。

弗里德曼上大学时，他的父亲已去世。虽然伯恩斯只比弗里德曼大8岁，但弗里德曼视授业恩师伯恩斯如父如兄。最初弗里德曼学习数学，试图成为一名赚钱的精算师。但是，遇到伯恩斯后，弗里德曼转变了学术志向，开始学习经济学。

伯恩斯是马歇尔的忠实崇拜者，他曾向弗里德曼推荐马歇尔的《经济学原理》。在凯恩斯主义日渐风靡美国的时代，弗里德曼跟着伯恩斯走了正道。伯恩斯日后担任了艾森豪威尔、尼克松、里根三位总统的经济顾问，还担任过美联储主席，为弗里德曼铺就了通往白宫与美联储的道路。

但此时的弗里德曼还只是一个为生活费而奔波的学生。为了维持学业，他找了不止一份工作，做过销售员、餐厅服务生，还有课外辅导老师，同时努力获取了可观的奖学金。大学期间，美国遭遇了大危机，弗里德曼因存了几百美元而“幸免于难”。

虽然弗里德曼有过这么艰难的经历，但日后他依然提出高等教育应该涨价。此判断基于其价格理论，也源自其自强的品质。

弗里德曼在罗杰斯大学的另外一位恩师是霍默·琼斯。琼斯是芝加哥学派创始人弗兰克·奈特的追随者，他引导弗里德曼阅读奈特的博士论文《风险、不确定性与利润》。通过琼斯，弗里德曼走向了芝加哥大学。

正如弗里德曼及其爱人罗斯在二人的回忆录中所说的那样，他们是“两个幸运的人”。弗里德曼上大学的时代，正是美国第一代本土经济学家成长的时代，包括罗杰斯大学的伯恩斯、芝加哥大学的奈特、哥伦比亚大学的约翰 · 克拉克，还有欧文 · 费雪、阿尔文 · 汉森。弗里德曼幸运地获得了前三位老师的真传，后来发展了费雪的货币数量论，同时花了半生批判汉森传播的凯恩斯主义。

为追随奈特的脚步，弗里德曼大学毕业后来到了芝加哥大学深造。1932年，芝加哥大学的经济学系已经享有全美最好的经济学系之一的声誉，有弗兰克 · 奈特、雅各布 · 瓦伊纳、亨利 · 舒尔茨等知名教授。当然，最重要的是，他在芝加哥大学的经济学课堂上遇到了后来的发妻罗斯。罗斯是弗里德曼的终生学术伴侣，二人白头偕老，成为经济学界的模范夫妻。

芝加哥大学的自由之风，不仅体现为恋爱自由，更体现为学术自由。弗里德曼后来评价："教授们无条件服从真理、平等对待学生的风格，以及来自全世界的优秀的研究生让我体验到了世界一流的学术气氛。"①

1933年，弗里德曼还在克拉克所在的哥伦比亚大学读了一年的研究生，跟随韦斯利 · 米切尔教授学习经济学理论和经济周期。米切尔是美国国家经济研究局的创建人，直到1945年都担任局长。该局是弗里德曼日后发挥学术力量的起步单位。

1935年，弗里德曼回到芝加哥大学读博士，为亨利 · 舒尔茨教授做助手。罗斯则成为奈特教授的助手。在这个阶段，弗里德曼与凯恩斯有了一个有趣的交集。弗里德曼发表了一篇批评庇古理论的论文，他按舒尔茨的建议，将此论文投递到远在伦敦的《经济学杂志》。此时，正是凯恩斯担任主编，他和庇古讨论后，拒绝了这篇

---

① 米尔顿 · 弗里德曼、罗斯 · 弗里德曼：《两个幸运的人》，林卓立、郑若娟译，北京：中信出版社2004年版。

论文的发表。

当时，弗里德曼并不算一个“反凯恩斯主义者”。大萧条期间，芝加哥大学很多经济学教授也支持政府的管制措施。弗里德曼还认为，那些创造就业的公共工程管理局、工程振兴局的政策是对危机形势的“最恰当反应”。弗里德曼只是对凯恩斯主义并不感兴趣。

在弗里德曼读博士期间，罗斯福新政全面铺开，美国联邦政府需要一大批经济学家为他们做研究。经罗斯的哥哥介绍，他前往华盛顿，在美国自然资源委员会做有关消费者购买行为的调查。这份工作启发他日后写出了《消费函数论》。

1937年，弗里德曼前往米切尔教授担任局长的美国国家经济研究局，为经济学家西蒙·库兹涅茨做工作助手。弗里德曼在库兹涅茨身上学到了统计学的研究方法。

在这个阶段，他所承担的工作与居民收入统计有关，其中对“独立执业人士的收入”的调查研究启发他日后提出了“永久性收入学说”。

在这份工作之后，他去了威斯康星大学担任教授，但是遭到了后来被科斯称为旧制度经济学的一群教授的排挤。遭遇校园政治后，他重回政府部门。这时，“二战”爆发，弗里德曼加入了财政部，承担税收研究工作。他的任务是研究如何调整所得税以及保险公司的税收，从而提高财政收入和降低通胀率。弗里德曼说，当时他是“彻底的凯恩斯主义者”。

在结束这份工作后，他放弃了继续留在财政部的机会，与部长助理怀特一起参加布雷顿森林会议，重建战后世界金融体系。这也让他失去了与凯恩斯正面“交锋”的机会，对此他多少感到有些遗憾。不过，弗里德曼其实是一个反布雷顿森林体系者和反金本位者。

1946年，弗里德曼收到芝加哥大学的教授聘请函。毕业十年后，他重回芝加哥大学。在此后的30年，弗里德曼一直留在这里——他永远的精神故乡。

02
芝加哥

与米塞斯、哈耶克相比，弗里德曼是幸运的。“二战”后美国经济的繁荣与稳定给了弗里德曼这代经济学家足够的安全感，使其得以静心探寻世界的真理——尽管他以小角色的身份亲历了大萧条与“二战”。

1947年，也就是凯恩斯去世后的第二年，哈耶克雄心勃勃，邀请米塞斯、奈特、弗里德曼、斯蒂格勒、欧根、里德以及哲学家波普尔等人来到风光旖旎的瑞士佩兰山，组建朝圣山学社，试图复兴自由主义。

令哈耶克没想到的是，“二战”后20多年，凯恩斯主义横扫天下，长期统治主流经济学。所谓大树底下无丰草，米塞斯在美国开培训班“延续香火”，哈耶克疾病缠身，英国的马歇尔和庇古众多弟子改投凯恩斯主义门庭。

不过，弗里德曼是幸运的。芝加哥大学传统的学术自由给他提供了绝佳的庇护所。彼时担任经济系主任的西奥多·舒尔茨（另一个舒尔茨）招募了一批青年才俊，让他们自由探索、相互争论。这奠定了20年后芝加哥学派百花齐放的基础。在这里，弗里德曼远离了威斯康星大学那种校园政治，也免受凯恩斯门派的学术打压。弗里德曼早年曾两次向凯恩斯主导的学术杂志投稿，但均被后者拒稿，这是二人唯一有接触的事件。

回到芝加哥大学后的头十年，弗里德曼的生活很简单。他在校园的时光以授课、参加研讨会和演讲为主。他开设了两门课：价格理论、货币理论。弗里德曼生平大部分著作都是在新英格兰的村舍完成的。他在乡村静谧安宁的空气里撰写研究论文，陪伴家人。

弗里德曼的学术自由思想，与朝圣山之行是分不开的。这一年，弗里德曼正在撰写他学术生涯中最重要的一篇文章——《实证经济学方法论》。这是一篇探讨经济学方法论的文章。早在1891年，凯恩斯的父亲就曾将经济学分为实证经济学和规范经济学。但是，此后几十年，很少有经济学家探讨过此问题。20世纪20年代，奥地利学派的米塞斯与德国新历史学派就方法论展开了一场著名的论战。最终，米塞斯借鉴康德的先验主义碾压了新历史学派的历史规范法。辩论中途，马歇尔领导的新古典主义携实证方法论驰援奥地利学派。

这时，弗里德曼重拾经济学方法论，复兴了新古典主义的实证经济学。所谓实证经济学，像物理学一样，探索和描述世界的一般性规律，不涉及价值判断（价值无涉），也就是“实然”的世界。规范经济学则相反，它强调用人的主观意志来规范一个“应该怎样”的世界，也就是“应然”的世界。

在佩兰山上，弗里德曼与哲学家波普尔讨论了这一问题。波普尔提出证伪主义，后来成为科学的分界标准，与弗里德曼的实证主义殊途同归。

1953年，弗里德曼的论文集《实证经济学论文集》出版，其中一篇文章便是《实证经济学方法论》，在经济学界引起了巨大争议。这篇文章的持久影响力是经济学家始料未及的。它相当于将经济学推入了“科学”的轨道，开辟了职业经济学家这条道路。所谓职业经济学家，即探索人类社会的一般性经济规律。弗里德曼正是职业经济学家的典型代表。

实证经济学的大规模崛起，给经济学界带来两个后果：一是哈耶克颇为气恼，他认为实证经济学窃取了当年奥地利学派与新历史学派论战的胜利果实，还把经济学的路带歪了。二是20世纪六七十年代，大量物理学高才生转投经济学门下，在实证道路上将经济学过度数学化。张五常的同事曾提醒他的学生，这个世界上只有三位经济学家可以不用学数学，他们是科斯、张五常，还有阿尔钦。

此后，弗里德曼在实证主义的基础上从事严谨、客观、过硬的经济学研究。实证主义的纯逻辑与一般性，对当时流行的凯恩斯主义的短期性、道德感与直觉主义构成挑战。

1957年，他出版了《消费函数论》。这是一部经典的实证研究著作。消费函数是凯恩斯《通论》中的“三大心理定律”之边际消费倾向递减定律的数学表达式。凯恩斯认为，随着人们收入的增加，消费边际倾向会下降，储蓄或投资的意愿会上升。

但是，弗里德曼的数据统计与逻辑推演的结论是与之相反的。他在1935—1937年参与过消费实例的研究。后来，弗里德曼通过库兹涅茨对美国从1899年以来的储蓄数据的研究发现，在过去半个世纪里，在工资不断增长的情况下，储蓄并没有增加。这一统计结果不符合凯恩斯的消费函数理论。

接着，弗里德曼提出与凯恩斯绝对收入假说相对的永久性收入假说，以更可靠的逻辑对收入与消费的关系加以解释。弗里德曼认为，消费行为不是由偶然所得的暂时性收入决定的，而取决于永久性收入，即过去的储蓄、当下的收入以及未来的预期。后来，理性预期学派的小罗伯特·卢卡斯在弗里德曼的基础上做了补充：人是在预期边际上选择是消费还是储蓄（投资）的，投资边际倾向递减时，消费边际倾向自然会增加；反之亦然。这本书出版后遭到了凯恩斯主义者的批判。

几乎在同一时期，弗里德曼还出版了另一部重要作品——《货币数量论》（1956年）。

早在1950年，老师伯恩斯就邀请弗里德曼到美国国家经济研究局研究“货币在经济周期中的作用”。在新古典主义时代，货币被认为是不重要的外生变量。但是，瑞典经济学家威克塞尔在1890年撕开了“货币面纱论”，认为货币会对经济实际产出产生影响。凯恩斯与哈耶克都坚持走威克塞尔开创的道路，如今弗里德曼也来了。伯恩斯之邀是弗里德曼学术生涯的转折点，此后30年，弗里德曼深耕货币领域，开创了“货币主义”理论。

另外，首次朝圣山之行，弗里德曼印象最深刻的就是德国弗莱堡学派创始人瓦尔特·欧根。欧根的货币优先理论和价格自由理论很可能影响了弗里德曼。

这部《货币数量论》正是货币主义的代表作。货币数量论源远流长，公式雷同，但逻辑不清。最经典的是费雪方程式：货币流通速率 × 货币数量 = 商品交易总量 × 商品价格。凯恩斯曾指出，费雪方程式与马歇尔的剑桥方程式并无本质区别。但凯恩斯强调货币流速这个变量对物价的影响，理由正是其《通论》中“三大心理定律”之二“流动性偏好”。凯恩斯认为，流动性偏好导致货币被窖藏，货币流速下降导致物价下跌，引发通货紧缩。凯恩斯提出，可以增加货币投放，降低流动性偏好引发的通缩风险。

但是，弗里德曼的永久性收入假说指出，人的消费与投资的安排具有持久的稳定性，因而货币方程式两边的商品交易总量与货币流通速率可以假设为常数。剩下公式两边货币数量和商品价格中，商品价格不是人为决定的，而货币数量是人可以控制的。因此，弗里德曼的结论是，货币数量决定商品价格。

弗里德曼直接发起了一场货币理论的革命，相当于否定了凯恩斯主义的第二个微观理论，否定了通过超发货币干预经济的主张。这在20世纪60年代与汉森、萨缪尔森的“菲利普斯曲线”针锋相对，弗里德曼通过电台、报刊与反对者展开大论战。

1965年，弗里德曼出版了巨著《美国货币史》。这本书让弗里德曼在有关货币理论的争论中占据了主动权。弗里德曼与经济研究局的安娜·施瓦茨使用了美国近100年的数据论证了储蓄率长期稳定，从统计学的角度否定了凯恩斯的三大理论根基——尽管统计的逻辑不完全可靠。

弗里德曼还有一个理论贡献是其在芝加哥大学做教授时提出的价格理论。这个理论缘于凯恩斯主义者——美国政府对价格的干预。

“二战”后，美国政府延续了战时经济管制思维，对高企的物价实施管控。早在1945年，弗里德曼就曾批评过政府的房租最高限价政策。他与施蒂格勒合作出版了一本名为《房顶还是天花板》的小册子。

弗里德曼在这本小册子中写道：“允许一些人获得不平等的货币收入，然后再采取精心设计、成本高昂的措施去阻止他们支配自己的收入，这是最为愚蠢的做法。”事实上，房租价格管控为纽约这样的城市带来了巨大的麻烦。因为租赁价格被限制，打击了房屋供给，房东不愿意修缮房屋，而租房需求因大批军人复员而增加，房租价格不降反而飙升。

在当时，弗里德曼的这些观点招致极大声量的批评。“二战”后，弗里德曼与斯蒂格勒去欧洲出差，他们发现价格管制随处可见。斯蒂格勒对此发表了经典的观点：“英国人遵守国王制定的法律（管控物价），因而物资紧缺；法国人不遵守法律，黑市发达，物资不算紧缺；而美国人只遵守正确的法律。”

弗里德曼占据了可靠的逻辑——价格作为市场机制的核心，对供给与需求起到调节作用。弗里德曼告诉人们，价格如同信号灯，它告诉生产者生产什么、生产多少、为谁生产，也告诉购买者购买什么、购买多少、向谁购买。弗里德曼的价格理论课程在芝加哥大学广受好评。随后，他出版了《价格理论》。

弗里德曼的价格理论，相当于复兴了新古典自由主义。他使用价格理论分析房租限价、征兵制度、高等教育改革、基础教育代金券等。他擅长辩论，语言幽默，在《新闻周刊》、电视、演讲台、国会听证会上与对手你来我往。他是继巴斯夏之后第二位给普罗大众普及经济学常识的语言大师。如今在芝加哥大学，价格理论几乎等同于现代经济学；在世界大众心中，价格干预等于愚蠢之策。这一切都应该归功于弗里德曼。

1962年，弗里德曼出版了经典之作《资本主义与自由》。此书出版后，学习弗里德曼的价格理论与自由思想成为一股热潮。1966年，他当选为美国经济学会主席。弗里德曼主义似乎已经压不住了，但他仍需要等待时机。

03
大滞胀

改变经济学历史的往往就是一次危机，而这次是一次凯恩斯式的危机。在20世纪五六十年代，弗里德曼凭借可靠的实证经济学批判凯恩斯主义的干预政策以及不可靠的理论根基，赢得了不小的名声。但多数时候，弗里德曼只赢得了辩论席。

60年代末，弗里德曼经由伯恩斯引荐成为尼克松总统的经济顾问。1968年，在大选结束后，弗里德曼就向尼克松递上了一份文案：关于实行浮动汇率、与黄金“解绑”的建议。不过，时任美联储主席伯恩斯否定了这一建议。

这时，布雷顿森林体系已摇摇欲坠。1971年，尼克松授意基辛格组建一个小组，尽快拿出解决方案。基辛格提拔保罗·沃尔克为财政部副部长，专门负责此事。几个月后，尼克松召集伯恩斯、康纳利、沃尔克等核心成员在戴维营开会。沃克尔提出的方案与弗里德曼如出一辙——美联储关闭黄金兑换窗口。会上争论激烈，伯恩斯依然反对这种冒险的做法。伯恩斯是尼克松的老幕僚，他的建议对总统影响很大，但这一次尼克松站在了沃尔克这边。

戴维营会议后，尼克松立即宣布关闭黄金兑换窗口，引发国际金融市场巨震，日本人称之为“尼克松冲击”。

但是，真正的“尼克松冲击”还在后头。关闭黄金兑换窗口，意味着美联储单方面违约，布雷顿森林体系解体，美元失去了黄金之锚。

值得一提的是，三个月后，芝加哥商品交易所总裁哈里斯找到弗里德曼。其时布雷顿森林体系解体，国际汇率走向浮动，催生套利空间。芝加哥商品交易所预见到商机，正在筹备国际货币交易市场。哈里斯希望弗里德曼出一份论证性说明——布雷顿森林体系一去不复返。国际外汇市场催生了跨国资本配置，助长了期货、债券、基金等投资银行市场的发展。这一简单事件是金融自由化的开端，也是弗里德曼货币自由化（汇率）的开端。

不过，美元失去黄金之锚后遭遇贬值风险。货币贬值的直接表现是通货膨胀，但是当时的经济学家认为，通胀是一种成本现象，或者是价格现象。1971年，尼克松沿用了“二战”后的物价管制政策，他通过电视演讲宣布了“90天价格冻结”管制计划。作为总统的经济顾问，弗里德曼对此提出批评，他使用价格理论进行推演，结论是管控物价的后果是价格涨势更凶猛。

1973年10月，世界石油危机爆发，美国通胀率大幅度上涨。尼克松再次启用了价格管控手段，但是经济毫无起色。最开始，人们还以为通胀是石油价格推高成本所致。但是，当油价回落后，美国的通胀依然在高位。尼克松下台后，继任的福特政府和卡特政府都使用过价格管制手段，其结果无异于抱薪救火。

这时，弗里德曼是冷静而睿智的。他使用货币数量论的逻辑——货币数量决定商品价格，推导出一个简单的结论：“通胀在任何地方任何时候都是货币现象。”所以，遏制通胀的阀门不在联邦政府，而在美联储。他指出，通胀的根本原因是60年代中后期美联储发行了过多的货币。

1979年，曾经终结布雷顿森林体系的沃尔克担任美联储主席。他上台后放弃了美联储长期以来的利率目标，转而控制货币总量。他实施严厉的紧缩政策，大幅度提高了基准利率；还接受了弗里德曼采取公开市场操作的建议，通过人工买卖证券控制美元总量。

有意思的是，1980年，正是沃尔克抗击通胀的紧要关头，弗里德曼与电视台一起拍摄《自由选择》。他们来到纽约联邦储备银行，试图进入地下金库和印钞厂，由弗里德曼亲手按下印钞机，让观众真切地感受到印钞机停止、通胀消失的感觉。但这可是金权重地，一般人进不去。弗里德曼与沃尔克关系不错，他写信给沃尔克，沃尔克给了他这个表演的机会。

真正给凯恩斯主义以重击的是大滞胀，即通胀与失业“齐飞”。凯恩斯主义大师保罗·萨缪尔森将“菲利普斯曲线”竖为其门派大旗。“菲利普斯曲线”阐述了通胀率与失业率的负相关关系，萨缪尔森以此给政府提供经济政策建议——牺牲通胀提振就业。但是，大滞胀宣告“菲利普斯曲线”失灵，也意味着凯恩斯主义失去了绝对统治地位。

如何解释滞胀，成为当时经济学家们的难题。新自由主义者跃跃欲试，而弗里德曼使用了早已准备好的价格理论和货币中性理论来解释，这对凯恩斯主义来说无疑是釜底抽薪。

早在1967年，在美国经济学会的主席演讲上，弗里德曼就从逻辑上对“菲利普斯曲线”的可靠性提出了质疑。弗里德曼认为，由于短时间获取信息的成本太高，价格上涨时，雇主会产生“货币幻觉”（误解价格信息），误以为市场需求扩大从而增加雇佣，扩张产能，提高杠杆。过一段时间，原材料和工资价格也上涨，这时雇主反应过来了，市场需求和实际利润并未增加，就会解雇工人，缩减产能，就业和经济照旧，剩下的只有通胀。其实，哈耶克使用奥地利学派的迂回生产与企业家误判，更能够推导出危机——通胀与失业并存的滞胀危机。

弗里德曼还使用了自然失业率的概念。自然失业下的劳动力与凯恩斯所说的被窖藏的货币具有同一性质，它们是自然存在的，并不是经济的“漏出”，因而追求充分就业与货币充分流通定然会引发通胀。

弗里德曼和哈耶克的解释，包括卢卡斯理性预期的解释，相当于宣布干预主义政策是无效的，除了引发危机外，几乎一无是处。

1980年，美国总统大选，里根打着供给学派减税的旗号上台，宣称已经抛弃了需求经济学——凯恩斯主义。里根启用了一大批自由主义学者，组建了一个由13位经济学家组成的经济政策顾问委员会，由弗里德曼的老师舒尔茨担任主席，成员包括伯恩斯、弗里德曼等。

在里根担任加州州长时，弗里德曼就与他认识。里根还喜欢阅读弗里德曼的《资本主义与自由》。

弗里德曼这批经济学家终结了凯恩斯主义对白宫经济政策的长期统治，他们给里根提供的第一份改革方案是《里根政府的经济战略》。该报告建议：“立即行使总统权力，取消对原油与石油产品的价格管制。”里根率先实施了这一措施。这成为里根改革的开端。

1982年冬天，里根革命与沃尔克改革初见成效，通胀率开始下降，就业率上升，美股开始上涨，美国经济开启了持久的景气周期。这是弗里德曼和新自由主义的胜利。

70年代，美国军队在越南战场上的形势有些焦灼，国内反战情绪高涨，军队征兵困难。尼克松找来弗里德曼想办法。弗里德曼的办法居然是废除强制征兵，实施自愿兵役制。在听证会上，美军驻越南最高司令威斯特摩兰将军坚决反对，声称：“我不愿意指挥一支唯利是图的雇佣军。”接下来，弗里德曼做出了经典辩论：“将军，你更愿意指挥一支奴隶军队，是吗？”将军被气得够呛，挺直身体说：“我不愿意听到有人把我们应征入伍的爱国者说成是奴隶。”弗里德曼毫不退让，反驳道：“我不愿意听到有人把我们爱国的志愿者说成是唯利是图的雇佣军。”他继续说：“如果他们唯利是图，那么，先生，我就是一个唯利是图的教授，而你，就是一个唯利是图的将军。唯利是图的医生为我们看病，我们聘请的是唯利是图的律师，从唯利是图的商贩处买肉。”

1973年，美国政府采纳了弗里德曼的建议，废除了建国近200年来的征兵制，改为全募兵制，征兵问题得以解决。

弗里德曼使用的还是价格理论。他认为，强制服兵役导致价格机制失灵，劳动力市场无法充分配置资源，军队难以招募到真正的“爱国者”。当时正值职业巅峰的拳王阿里因拒绝服兵役而被美国地方法院吊销了拳击执照，还差点遭遇牢狱之灾。强制服兵役制度被废除后的第二年，阿里复出夺回了阔别7年的金腰带。弗里德曼这种看似“学究气”、实则过硬的逻辑，让世人明白了一个简单的道理：价格让擅长打拳的人去打拳，让愿意当兵的人去当兵。

价格理论在货币领域的影响更加深远。弗里德曼的货币主义，本质上是货币价格的自由化。他构建了一套干预最少、最自由的法币理论，推动了最近50年的世界汇率自由化、利率自由化、资本全球化以及金融全球化。这套理论唯一的逻辑矛盾是基础货币的发行是人为控制的。为了将人为干预降到最低，弗里德曼建议使用一台计算机替代央行决策者按照一定比例发行货币。

1977年，美国一个地方电视台的主管奇特斯特找到弗里德曼，希望用电视传播自由市场经济思想。奇特斯特本人就是自由主义的坚定信仰者，完全为弗里德曼的《资本主义与自由》所征服。

在80年代，他们联手制作了《自由选择》电视纪录片，弗里德曼的思想被以电视这种更大众化的方式传播到人群中去。

正如他的学生加里·贝克所说："他（弗里德曼）能以最简单的语言表达最艰深的经济理论。"弗里德曼在节目中传播了一些经典隽语："天下没有免费的午餐。""构成大多数反自由市场理论的，其实是对自由本身的不信任。"80年代后，弗里德曼的名字几乎等同于自由主义。

04 副产品

1976年12月10日是诺贝尔逝世80周年暨第75界诺贝尔奖颁奖典礼举行日。在此特殊的日子里，斯德哥尔摩音乐厅灯火通明、秩序井然。弗里德曼荣膺这一届诺贝尔经济学奖。这是弗里德曼学术生涯的高光时刻。

就在弗里德曼从国王手上接过证书时，一位身穿燕尾服的人从后面的包厢里站出来，用英语大喊："打倒资本主义，给智利自由。"很快，这人被安保人员拖出去了。然而，在场外，有几千名示威者正等着弗里德曼，他们抗议弗里德曼参与了智利的政治活动。

弗里德曼随后在其获奖演讲中用他聪明的头脑化解了尴尬，并且赢得了两倍于别的获奖者的欢呼。不过，这段小插曲成为了弗里德曼后半生“尴尬”境遇的写照。

此事缘于一群“芝加哥男孩”在智利掀起的自由主义改革，以及1975年弗里德曼对智利的访问。

1955年到1964年，在美国国际开发署的资助下，芝加哥大学经济系与智利天主教大学之间达成了合作，一些智利研究生得以到芝加哥大学学习。这些研究生中就有些人上过弗里德曼的课程。

1973年，奥古斯托·皮诺切特领导下的军队发动了一起政变，射杀总统阿连德，并组建了军政府。此后两年，智利也像美国一样爆发了大通胀，经济陷入萧条。这时，皮诺切特招募了一些到芝加哥学习的智利学者作为经济顾问。这群经济顾问后来被称为“芝加哥男孩”，他们否定了阿连德时代的计划经济，实施了经济自由化改革。

1975年，弗里德曼受同僚邀请去智利进行访问，皮诺切特向他寻求经济问题上的建议。弗里德曼指出，应采取“休克疗法”以尽快结束通货膨胀，开放自由贸易，实施自由汇率。

皮诺切特推行改革后，智利经济一度陷入萧条。反对者们将智利经济萧条归咎于“芝加哥男孩”，并将之与弗里德曼联系在一起。《纽约时报》称弗里德曼为“军政府经济政策的指路明灯”。这些抗议浪潮通过媒体传到芝加哥大学校园，所幸芝加哥大学校长站出来像当年守护学术自由一样保护了弗里德曼。

其实，弗里德曼获得诺奖的1976年，智利的经济在经过短暂的萧条后正快速复苏。在之后的5年里，年均增长率达7.5%。此后，反对者对弗里德曼的责难才逐渐减少。到1981年，负面评价大面积消失，智利经济又被称为经济奇迹。不过，智利没有听取弗里德曼的建议，依然实施钉住美元的固定汇率。1982年，美联储高度紧缩美元，智利经济跟随通缩，立即陷入萧条。那些消失的负面评价再现报端。年底，智利政府取消了固定汇率，经济又恢复平稳，弗里德曼的声誉也随之恢复。

智利案例似乎成了评价弗里德曼学术遗产的标准，甚至成为评价新自由主义的标准。有人以此来否定弗里德曼及新自由主义，也有人持反对意见。

美国著名财经评论员路易斯·鲁凯泽在弗里德曼获奖时说："如果米尔顿·弗里德曼更多地致力于学术研究，更少地参与争取人的自由的问题，他可能多年前就获得诺贝尔经济学奖了。"

纵观弗里德曼的一生，他被认为是自由主义的旗手，致力于自由化政策以及传播自由思想。但是，如果你真正理解了弗里德曼就会发现，他首先是一位经济学家，一位坚持实证主义的职业经济学家。弗里德曼的自由化政策和自由思想，其实是其学术研究的副产品。职业经济学家，或许是最不容易误解弗里德曼的一种定位。

弗里德曼不是哈耶克那样的自由主义"斗士"和思想家。他致力于实证研究，探索人类社会的客观规律，严谨地实施自由化政策，催生出自由思想。

在智利问题上，弗里德曼是谨慎的。他强调："智利的情况是一个例外而不是遵从规律的产物。"他极力避免被舆论绑架，被污蔑为皮诺切特军政府的帮凶。他预言："自由市场不可能持续，除非军政府被一个信奉自由政治的民选政府所替代。"而这一预言的逻辑是其在1962年《资本主义与自由》中探讨的"经济自由与政治自由的关系"——"经济自由本身是一个目的。其次，经济自由也是达到政治自由的一个不可缺少的手段"。此问题，弗里德曼与哈耶克在首次朝圣山之行就已讨论过。

哈耶克也曾在1977年访问过智利，与皮诺切特有过20分钟的会晤。他在智利问题上的处理是“大胆”的，甚至将皮诺切特式的威权市场主义者视为通往自由之路的过渡方案。他在演讲中列举了一些威权市场主义者的名字，如葡萄牙的安东尼·萨拉萨尔、英格兰的克伦威尔、联邦德国的阿登纳尔和艾哈德等。

从中我们可以看出弗里德曼与哈耶克的不同特质。弗里德曼首先是一位职业经济学家，然后才是一位思想家。而哈耶克首先是一位思想家，一位自由主义之“斗士”，然后才是一位经济学家。

哈耶克说：“只是个经济学家的经济学家就不可能成为一位伟大的经济学家。”但是，弗里德曼显然更在乎作为一位职业经济学家的成就，他在获得诺奖后说：“我的经济学家同行对我未来五十年工作的评价，会比七位瑞典人目前的看法，更让我感兴趣。”1988年弗里德曼荣获了总统自由勋章，他在演讲中说道：“我相信我也能被称为古典自由主义者。我其实不在乎我被称为什么，我比较注重于让人们思考那些理想的本身，而不是我个人。”

在哈耶克身上，我们可以看到思想家的灵魂与勇敢的品质。他渴望达到自由之目的，敢于与阻碍自由之路的一切力量作斗争。而在弗里德曼身上，我们看到的更多是科学家的严谨与专业的品质。在瑞典的大学演讲时，他坦言，成群的示威者让他第一次感到恐惧。弗里德曼始终认为，他只是做好了一份职业经济学家的本职工作——严谨地探寻了人类行为某些规律。

哈耶克曾问弗里德曼，作为一位自由主义经济学家，为何不反对法定货币，主张货币非国家化。弗里德曼很难回答这个问题，因为他没有从逻辑上论证过货币完全私有化的合理性。当然，哈耶克也没有完全论证过，但他是一位思想家，他表达了对货币自由化更加大胆而彻底的猜测。

弗里德曼一生热爱旅游，他与妻子一同前往过欧洲、亚洲、美洲的多个国家，在许多不发达国家旅游时，他也会特别关注它们的经济。他曾三次访华，1988年那次访华，中国正值“价格闯关”时期，通胀率上升较快。在张五常的安排下，弗里德曼会见了一些重要领导人，他建议中国放开价格管制、实施汇率自由化来化解通胀。

不管是美国、智利，还是印度、中国，很多国家的经济政策都受到了弗里德曼的影响，以至于人们几乎将全球经济自由化等同于弗里德曼自由主义。弗里德曼也伴随着全球及诸国经济之沉浮，而经受了各种诽誉。

从1982年冬天到2007年，美国经济经历了“二战”以来最长的景气周期，这被认为是弗里德曼自由主义的“功劳”。但他却说，过去几十年，加尔布雷斯肯定比他过得好，因为他是社会主义者。弗里德曼认为，老布什政府背弃了里根自由主义，美联储主席格林斯潘无法抑制其控制经济的欲望。“9·11事件”过后，弗里德曼对小布什及格林斯潘的行动也强烈不满。他抱怨，“世界经济状况在2001年9月11日后彻底改变了”，“凯恩斯主义又回来了”。

2002年11月8日是弗里德曼90岁生日，美国经济学界为他庆生。当时的美联储董事本·伯南克代表美联储向弗里德曼道歉：“在大萧条的问题上，你们是对的，我们（美联储）一手造成了那样的局面。我们深表歉意，我们不会再犯同样的错误了。”在演讲中，伯南克使用了弗里德曼的说法——以“直升机撒钱”的方式防止通货紧缩。从此，本·伯南克在业界得到了一个外号——“直升飞机大本”。

实际上，伯南克歪曲了弗里德曼的说法。弗里德曼其实是在

1969年的《最优货币量》中用这个形象的比喻解释凯恩斯主义者是如何制造通胀的。

2006年11月16日，在旧金山安静的家中，这位经济学界的巨人、自由主义的布道者安然离世。

两年后，美国次贷危机引爆全球金融危机。有人将金融危机归咎于新自由主义，有人高呼弗里德曼倒台了，而将弗里德曼赶下台的正是“直升飞机大本”。本 · 伯南克其实是麻省理工学院萨缪尔森的门徒，他实施了强烈的货币干预，从此美联储在货币干预的道路上一去不复返。

这场危机，弗里德曼有没有责任？没有。这场危机引发的干预主义行动，弗里德曼有没有责任？有的。弗里德曼当年没能充分回答哈耶克的问题，没能在逻辑上解决基础货币发行的人为控制问题——这一漏洞，如当年凯恩斯的精英政治家模式一样，被政治投机主义者抓住。

只需要一场危机，“伪”凯恩斯主义就会“复活”。但是，弗里德曼主义不需要一场危机，也不需要一场繁荣，它会永远存在。因为弗里德曼是一位职业经济学家，它探索的是人类行为的一般性规律。

致敬米尔顿 · 弗里德曼！[①]

---

① 文中米尔顿 · 弗里德曼的生平主要参考米尔顿 · 弗里德曼及其爱人罗斯 · 弗里德曼共同写作的回忆录《两个幸运的人》。

参考文献

[1] 张五常. 经济解释[M]. 北京：中信出版社，2015.

[2] 米尔顿 · 弗里德曼，罗斯 · 弗里德曼. 两个幸运的人[M]. 林卓立，郑若娟，译. 北京：中信出版社，2004.

[3] 米尔顿 · 弗里德曼. 实证经济学论文集[M]. 柏克，译. 北京：商务印书馆，2014.

[4] 米尔顿 · 弗里德曼. 弗里德曼文萃（上下册）[M]. 胡雪峰，武玉宁，译. 北京：首都经济贸易大学出版社，2001.

[5] 米尔顿 · 弗里德曼. 货币数量论研究[M]. 瞿强，杜丽群，何瑜，译. 北京：中国社会科学出版社，2001.

[6] 米尔顿 · 弗里德曼，安娜 · J. 施瓦茨. 美国货币史[M]. 巴曙松，王劲松，等，译. 北京：北京大学出版社，2009.

[7] 米尔顿 · 弗里德曼. 价格理论[M].蔡继明，苏俊霞，译. 北京：华夏出版社，2011.

[8] 米尔顿 · 弗里德曼. 资本主义与自由[M]. 张瑞玉，译. 北京：商务印书馆，2004.

[9] 保罗 · 沃尔克，克里斯蒂娜 · 哈珀. 坚定不移[M].徐忠，译. 北京：中信出版集团，2019.

[10] 米尔顿 · 弗里德曼，罗斯 · 弗里德曼. 自由选择[M]. 张琦，译. 北京：机械工业出版社，2008.

[11] 贾雷德 · 戴蒙德. 剧变[M]. 曾楚媛，译. 北京：中信出版社，2020.